Welcome to Weeve

Here at Weeve, we believe that traditional language education, with its painful memorisation, repetition and tedious grammar classes, have failed students around the world in their pursuit of learning a new language. Over 50 years of education research supports us on this. Studies show that the best way of encouraging language acquisition is reading and listening to engaging and accessible content. With that vision in mind, we created Weeve. Our method allows you to learn up to 20 words per hour in your target language – we are confident you'll never want to learn languages in any other way. Thank you for supporting us on this journey.

How to Use Weeve

Weeved Words

The sentences in this novel have foreign words weaved into the English sentences. Introducing foreign words within the context of an English sentence allows our brain to form a contextual representation of that foreign word without needing to translate it. At the start of our books only a few words are translated, as you progress, getting lost in the world of fantasy, more and more translated words are added.

Read - Don't Translate

When you come across a foreign word weaved into a sentence resist the urge to translate the word back to English. Your brain will automatically do this at first, but with practice this skill can be mastered.

Context is Key

Read the foreign words as they are written and try to understand it in the context of the story. Translating disrupts the flow of the story, and it is these flow states where pleasure and language acquisition will occur. Don't worry about your speed of acquisition - trust the process.

Go with the Flow

Language acquisition is a subconscious process that happens when we read and listen to interesting things that we understand. All you have left to do is enjoy the story, try not to think too much about the words and you will acquire them faster.

Vocab Tables

You will find vocabulary tables at the end of chapters - consider these milestones, showing the weaved words you have read during that chapter. Quickly double check you understand them and continue learning! These vocab tables also offer the International Phonetic Alphabet (IPA) phonetic pronunciation of the word.

Weeve's Story

The idea for Weeve was born when Cian was having a bath and an apple hit him on the head. Four years ago, Cian spoke only English and decided to try and learn Portuguese. For two years he tried and failed to learn the language using the traditional methods available out there – flashcards, language learning apps, grammar lessons. Despite having over 5000 words memorised, Cian found his speech was still slow and his comprehension was poor.

Frustrated at his lack of progress, Cian began to research second language acquisition. The core message that research and academia has proven over the past 50 years is simple - *you only acquire language when you read and listen to content you understand.* The problem was that there is no option for beginners to get their hands on comprehensible input as they do not have the foundational knowledge required to jump into reading short stories and novels.

So, inspired by the evidence that bilingual students learn best in settings where languages are blended together, Cian began a six-month long journey of researching, trialling, and developing the first ever Weeve book (a Swedish version of *The Wheel of Time*). He pulled in Evan, who had had a terrible experience learning languages in school, and the two of them began developing the idea. As the first Weeve guinea pigs, the pair knew they were onto a winner when they were capable of learning their first 400 Swedish words with no effort, no memorisation and no pain.

The hunger for Weeve's products was evident from the launch of the first book, *Learn Spanish with Sherlock Holmes*, in July 2020. Since launch, Weeve have had an immensely exciting time. The collection has expanded to include eleven languages and has sold over 2500 copies. The Weeve team joined a Trinity student accelerator program, which connected them with Sinéad. Sinéad was a member of the judging panel at a start-up competition when she first came across the Weeve duo. It was love at first sight and just three days after the competition she was officially part of the gang.

The fourth member of our team, Oisín joined over the summer of 2021. A computer scientist determined to digitise the Weeve method so it can reach global scale. Currently working on an application that will allow for complete dynamic control over translations within your weeve.

The response to our Weeve books around the globe has been immense winning a number of awards like the LEO ICT Award and placing in Spark Crowdfundings top 100 most amibitious companies. With the founders appearing in the Sunday Independant's 30 Under 30.

Weeve wants to make languages ridiculously simple and accessible to everyone. We hope you enjoy it as much as we do, and stick around for our journey.

Meet the Team

Cian McNally

Cian is a Psychology graduate from Trinity College Dublin and a language learning enthusiast. In the past 4 years he has gone from speaking only English to being able to read many novels in Portuguese, Spanish and German, as well as short stories in Swedish and Italian. When he's not revolutionising the language learning industry, he is probably found playing chess or talking about how tall he is.

Evan McGloughlin

Evan is a Neuroscience graduate from Trinity College Dublin and has a passion for learning and education. He runs a youtube channel where he attempts to make practical neuroscience accessible and entertaining. He always despised how languages were taught in school always thinking it felt very unnatural. When Cian came to him with the idea for Weeve it instantly resonated with him as a more natural and effective approach.

Sinead McAleer

Sinead lives a double life – working in a bank by day and growing Weeve by night. After graduating from Computer Science & Business at Trinity College Dublin, Sinéad moved to London where she now leads our international office (aka a desk in the corner of her bedroom). She has a passion for start-ups, technology and vegan/vegetarian experimentation!

Oisín T. Morrin

Oisín loves all things at the intersection of language and technology. This brought him to study Computer Science, Linguistics and Irish at TCD as an All-Ireland Scholar. Japanese, Irish and Python are his love languages, and he also dabbles in Korean, German and Scot's Gaelic. Outside of Weeve, Oisín can invariably be found with a new book in one hand and a coffee in the other.

How to have a Perfect Accent

German Pronunciation Guide

The very first step of learning how to pronounce words in a new language is to learn how to use its International Phonetic Alphabet. We are going to focus on some of the German sounds that are inexistant in the English pronunciation and that you will need to be able to spot in the IPA and to understand when looking for the pronunciation of a specific German word.
Here are the unusual **consonant** related sounds which you will have to remember:

- /**ç**/: you can find this sound in words like <i**ch**> or <dur**ch**>. Think of it as an middle way between the /hju/ sound in the word <human> and the pronunciation of <sh>. v
- /**x**/ : it symbolizes sounds like the <**ch**> like <nach> and it is pronounced like the <ch> in 'loch ness'.
- <**j**>: it is pronounced just like a <**y**> in English.
- <**w**>: it is pronounced just like a <**v**> in English. Conversely, <**v**> is pronounced like an <**f**> in most words, but not always! Here, you need to pay attention to what the IPA says; whether the <f> or the <v> sound applies.
- <**s**>: it is pronounced like the <**z**> in <zebra> and you will also find it as a /z/ in the German IPA.
- <ʁ>: this is what you call a "voiced uvular fricative" and is the <r> that is used in French as well. This <r> is pronounced in the back of your mouth, where you would pronounce the letter <k>. The difference is that the letter <k> is voiceless, so to pronounce the German <r>, try pronouncing a <k> and adding voice to it!

Most IPA **symbols**, which looked different from normal letters, are used in English words, too:

- /**d͡ʒ**/: <**Dsch**ungel>, <**j**ungle>
- /**tʃ**/: <Ma**tsch**>, <ma**tch**>
- /**ŋ**/: <si**ng**en>, <sing>
- /**ʃ**/: <**Sch**rift>, <**sh**all>
- /**ts**/: <**z**aubern>, <ha**ts**>
- /**ʒ**/: <**G**enie>, <trea**s**ure>

The German language has very unique vowel sounds and the most important ones are what are called the **umlauts**:

- /**oe**/ is a symbol that you will find used for words like <**ö**ffnen> (short vowel with a double consonant after it, the vowel being called an umlaut) and it sounds similar to the <i> in <bird> or the <u> in <burn>. The long version of this umlaut is symbolized /ø:/ and can be found in <Österreich> for example.
- <**ä**> might look complicated but is actually pronounced the same as a short <e> in German, which is symbolized /**ɛ**/ and is also used in the English IPA. You find it in words like <bet>. While an <ä> pronounced like an /ɛ/ is found in words where it precedes two consonant letters, it's longer version can be found in words like <spät> (symbolized **ɛ**:) and pronounced like the <ai> in <hair>.
- The symbol /**y**/ brings together both the umlaut <**ü**> and the vowel <**y**> and they are pronounced somewhat like the <u> in <cute>, or <ew> in <grew>.

Talking about the umlauts, we briefly mentioned short and long vowels. The difference between short and long lies in the time it will take you to pronounce the vowel and the sound you make while pronouncing it will slightly vary as well.

The easiest way to figure out whether the vowel will be long or short is the look at the letters following it: the vowel will be short when succeeded by two consonants and it will be long if there is just one consonant or a vowel after it. Just like any rule, there are exceptions to it and the following-consonant-trick does not always work, which is why the IPA will tell you whether the vowel is long or short. In the IPA, **long vowels** are typically symbolized by a semi-colon:

Letters	**Phonetic symbol**	**English**	**German**
a (short) a (long)	**a** **a:**	cut father	Affe Bahnhof
e (short) e (long)	**ɛ** **ɛ:**	bet hair	retten eben
i (short) i (long)	**ɪ** **i:**	sin see	bitte spazieren
o (short) o (long)	**ɔ** **o:**	got note	offen Boot
u (short) u (long)	**ʊ** **u:**	foot moon	rund Uhr

Here are a few more exceptions and final **unusual sounds** to remember:

- <**ai**> and <**ay**> are pronounced like the word <eye>, symbolized /aɪ̯/
- <**au**> is pronounced <ow>, symbolized /aʊ̯/
- <**äu**> and <**eu**> are pronounced <oy>, symbolized /ɔɪ̯/
- <**ie**> is pronounced like <ee>, symbolized /i:/

"Then wear the gold hat, ***ja*** *that will move her;* ***ja, du kannst*** *bounce high, bounce for her too, Till she cry "Lover, gold-hatted, high-bouncing lover,* ***ich*** *must have you!"*

- Thomas Parke d'Invilliers

weeve

THE GREAT GATSBY

weeve

Book Publishing Details

Design, production, editing, and illustration credits:
Logo and Cover Design by Aaron Connolly

Cover and Interior Illustrations by Otherworld Creations, Leoramos
www.fiverr.com/Otherworlder
www.fiverr.com/Leoramos

Editing, production:
Weeve
Fonts:
Recoletta, Times New Roman, Tomarik

Translation:
Jesper Segelken (Weeve Translator)
Felicitas Diecke (Weeve Translator)
Sakshi Saini (Weeve Translator)

Publisher Address:
31 Millers Lane, Skerries, Co. Dublin, Ireland
Author Website:
https://weeve.ie/
Country in which the book was printed:
United States, United Kingdom

1

Weeve Reading Tip: When you come across a foreign word weaved into a sentence resist the urge to translate the word back to English. Your brain will automatically do this at first, but with practice this skill can be mastered. Read the sentence as it is presented and try to understand it.

In my younger and more vulnerable years my father gave me some advice that I have been turning over in my mind ever since.

“Whenever you feel like criticizing anyone,” he told me, “just remember that all the people in this world haven’t had the advantages that you have had.”

He did not say any more, but we have always been unusually communicative in a reserved way, and I understood that he meant a **viel** more than that. In consequence, I am inclined to reserve all judgements, a habit that has opened up many curious natures to me and also made me the victim of not a few veteran bores. The abnormal mind is quick to detect and attach itself to this quality when it appears in a normal person, and so it came about that in college I was unjustly accused of being a politician, because I was privy to the secret griefs of wild, unknown men. Most of the confidences were unsought — frequently I have feigned sleep, preoccupation, or a hostile levity when I realized by some unmistakable sign that an intimate revelation was quivering on the horizon; for the intimate revelations of young men, or at least the terms in which they express them, are usually plagiaristic and marred by obvious suppressions. Reserving judgements is a matter of infinite hope. I am still a little afraid of missing something if I forget that, as my father snobbishly suggested, and I snobbishly repeat, a sense of the fundamental decencies is parcelled out unequally at birth.

And, after boasting this way of my tolerance, I come to the admission that it has a limit. Conduct may be founded on the hard rock or the wet marshes, but after a certain point I don't care what it is founded on. When I came back from the East last autumn I felt that I wanted the world to be in uniform and at a sort of moral attention forever; I wanted no more riotous excursions with privileged glimpses into the human heart. Only Gatsby, the man who gives his name to this book, was exempt from my reaction — Gatsby, who represented everything for which I have an unaffected scorn. If personality is an unbroken series of successful gestures, then there was something gorgeous about him, some heightened sensitivity to the promises of life, as if he were related to one of those intricate machines that register earthquakes ten thousand miles away. This responsiveness had nothing to do with that flabby impressionability which is dignified under the name of the "creative temperament" — it was an extraordinary gift for hope, a romantic readiness such as I have never found in any other person and which it is not likely I shall ever find again. No — Gatsby turned out all right at the end; it is what preyed on Gatsby, what foul dust floated in the wake of his dreams that temporarily closed out my interest in the abortive sorrows and short-winded elations of men.

***

My family have been prominent, well-to-do people in this Middle Western city for three generations. The Carraways are something of a clan, and we have a tradition that we are descended from the Dukes of Buccleuch, but the actual founder of my line was my grandfather's brother, who came here in fifty-one, sent a substitute to the Civil War, and started the wholesale hardware business that my father carries on today.

I never saw this **Groß**-uncle, but I am supposed to look like him — with special reference to the rather hard-boiled painting that hangs in father's office. I graduated from New Haven in 1915, just a quarter of a century after my father, and a little later I participated in that delayed Teutonic migration known as the Great War. I enjoyed the counter-raid so thoroughly that I came back restless. Instead of being the warm centre of the world, the Middle West now seemed like the ragged edge of the universe — so I decided to go East and learn the bond business. Everybody I knew was in the bond business, so I supposed it could support one more single man. All my aunts and uncles talked it over as if they were choosing a prep school for me, and finally said, "Why — ye-es," with very grave, hesitant faces. Father agreed to finance me for a year, and after various delays I came East, permanently, I thought, in the spring of twenty-two.

The practical thing was to find rooms in the city, but it was a warm season, and I had just left a country of wide lawns and friendly trees, so when a young man at the office suggested that we take a house together in a commuting town, it sounded like a **großartige** idea. He found the house, a weather-beaten cardboard bungalow at eighty a month, but at the last minute the firm ordered him to Washington, and I went out to the country alone. I had a dog — at least I had him for a few days until he ran away — and an old Dodge and a Finnish woman, who made my bed and cooked breakfast and muttered Finnish wisdom to herself over the electric stove.

It was lonely for a day or so until one morning some man, more recently arrived than I, stopped me on the road.

"How do you get to West Egg village?" he asked helplessly.

I told him. And as I walked on I was lonely no longer. I was a guide, a pathfinder, an original settler. He had casually conferred on me the freedom of the neighbourhood.

And so with the sunshine and the **großen** bursts of leaves growing on the trees, just as things grow in fast movies, I had that familiar conviction that life was beginning over again with the summer.

There was so much to read, for one thing, and so much fine health to be pulled down out of the young breath-giving air. I bought a dozen volumes on banking and credit and investment securities, and they stood on my shelf in red and gold like new money from the mint, promising to unfold the shining secrets that only Midas and Morgan and Maecenas knew. And I had the high intention of reading many other books besides. I was rather literary in college — one year I wrote a series of very solemn and obvious editorials for the Yale News — and now I was going to bring back all such things into my life and become again that most limited of all specialists, the "well-rounded man." This isn't just an epigram — life is much more successfully looked at from a single window, after all.

It was a matter of chance that I should have rented a house in one of the strangest communities in North America. It was on that slender riotous island which extends itself due east of New York — and where there are, among other natural curiosities, two unusual formations of land. Twenty miles from the city a pair of enormous eggs, identical in contour and separated only by a courtesy bay, jut out into the most domesticated body of salt water in the Western hemisphere, the **große** wet barnyard of Long Island Sound. They are not perfect ovals — like the egg in the Columbus story, they are both crushed flat at the contact end — but their physical resemblance must be a source of perpetual wonder to the gulls that fly overhead. To the wingless a more interesting phenomenon is their dissimilarity in every particular except shape and size.

I lived at West Egg, the — well, the less fashionable of the two, though this is a most superficial tag to express the bizarre and not a little sinister contrast between them. My house was at the very tip of the egg, only fifty yards from the Sound, and squeezed between two huge places that rented for twelve or fifteen thousand a season. The one on my right was a colossal affair by any standard — it was a factual imitation of some Hôtel de Ville in Normandy, with a tower on one side, spanking new under a thin beard of raw ivy, and a marble swimming pool, and more than forty acres of lawn and garden. It was Gatsby's mansion. Or, rather, as I did not know Mr. Gatsby, it was a mansion inhabited by a gentleman of that name. My own house was an eyesore, but it was a small eyesore, and it had been overlooked, so I had a view of the water, a partial view of my neighbour's lawn, and the consoling proximity of millionaires — all for eighty dollars a month.

Across the courtesy bay the white palaces of fashionable East Egg glittered along the water, and the history of the summer really begins on the evening I drove over there to have dinner with the Tom Buchanans. Daisy was my **Cousine dritten Grades**, and I had known Tom in college. And just after the war I spent two days with them in Chicago.

Her husband, among various physical accomplishments, had been one **der** most powerful ends that ever played football at New Haven — a national figure in a way, one **von** those men who reach such an acute limited excellence at twenty-one that everything afterward savours **von** anticlimax. His family were enormously wealthy — even in college his freedom with money was a matter for reproach — but now he had left Chicago and come East in a fashion that rather took your breath away: for instance, he had brought down a string **von** polo ponies from Lake Forest. It was hard to realize that a man in my own generation was wealthy enough to do that.

Why they **kamen** East I don't know. They had spent a year in France for no particular reason, and then drifted here and there unrestfully wherever people played polo and were rich together. This was a permanent move, said Daisy over the telephone, but I did not believe it — I had no sight into Daisy's heart, but I felt that Tom would drift on forever seeking, a little wistfully, for the dramatic turbulence **von** some irrecoverable football game.

And so it happened that on a warm windy evening I drove over to East Egg to see two old friends whom I scarcely knew at all. Their house was even more elaborate than I expected, a cheerful red-and-white Georgian Colonial mansion, overlooking the bay. The lawn started at the beach and ran towards the front door for a quarter **einer** mile, jumping over sundials and brick walks and burning gardens — finally when it reached the house drifting up the side in bright vines as though from the momentum **von** its run. The front was broken by a line **von** French windows, glowing now with reflected gold and wide open to the warm windy afternoon, and Tom Buchanan in riding clothes was standing with his legs apart on the front porch.

He had changed since his New Haven years. Now he was a sturdy straw-haired man **von** thirty, with a rather hard mouth and a supercilious manner. Two shining arrogant eyes had established dominance over his face and gave him the appearance **davon** always leaning aggressively forward. Not even the effeminate swank **seiner** riding clothes could hide the enormous power **dieses** that body — he seemed to fill those glistening boots until he strained the top lacing, and you could see a **großes** pack **von** muscle shifting when his shoulder moved under his thin coat. It was a body capable **von** enormous leverage — a cruel body.

His speaking voice, a gruff husky tenor, added to the impression **von** fractiousness he conveyed. There was a touch **von** paternal contempt in it, even toward people he liked — and there were **Männer** at New Haven who had hated his guts.

"Now, don't think my opinion on these matters is final," he seemed to say, "just because I am stronger and more **von** a man than you are." We were in the same senior society, and while we were never intimate I always had the impression that he approved **von mir** and wanted me to like him with some harsh, defiant wistfulness **von** his own.

We talked for a few minutes on the sunny porch.

"I have got a nice place here," he said, his eyes flashing about restlessly.

Turning me around by one arm, he moved a broad flat hand along the front vista, including in its sweep a sunken Italian garden, a half acre **von** deep, pungent roses, and a snub-nosed motorboat that bumped the tide offshore.

"It belonged to Demaine, the oil man." He turned me around **wieder**, politely and abruptly. "We will go inside."

We walked through a high hallway into a bright rosy-coloured space, fragilely bound into the house by French windows at either end. The windows were ajar and gleaming white against the fresh grass outside that seemed to grow a little way into the house. A breeze blew through the room, blew curtains in at one end and out the other like pale flags, twisting them up toward the frosted wedding-cake **von** the ceiling, and **dann** rippled over the wine-coloured rug, making a shadow on it as wind does on the sea.

The only completely stationary object in the room was an enormous couch on which two young women were buoyed up as though upon an anchored balloon. They were both in white, and their dresses were rippling and fluttering as if they had just been blown back in after a short flight around the house. I must have stood for a few moments listening to the whip and snap **von** the curtains and the groan **von** a picture on the wall. **Dann** there was a boom as Tom Buchanan shut the rear windows and the caught wind died out about the room, and the curtains and the rugs and the two young women ballooned slowly to the floor.

The younger **von** the two was a stranger to me. She was extended full length at her **<u>Ende</u>** of the divan, completely motionless, and with her chin raised a little, as if she were balancing something on it which was quite likely to fall. If she saw me out **von** the corner **von** her eyes she gave no hint **davon** — indeed, I was almost surprised into murmuring an apology for having disturbed her by coming in.

The other girl, Daisy, made an attempt to rise — she leaned slightly forward with a conscientious expression — **dann** she laughed, an absurd, charming little laugh, and I laughed too and **<u>kam</u>** forward into the room.

"I am p-paralysed with happiness."

She laughed **wieder**, as if she said something very witty, and held my hand for a moment, looking up into my face, promising **<u>das</u>** there was no one in the world she so much wanted to see. **Das** was a way she had. She hinted in a murmur **das** the surname **von** the balancing girl was Baker. (I have heard it said **das** Daisy's murmur was only to make people lean toward her; an irrelevant criticism **das** made it no less charming.)

At any rate, Miss Baker's lips fluttered, she nodded at me almost imperceptibly, and **dann** quickly tipped her head back **wieder** — the object she was balancing had obviously tottered a little and given her something **von** a fright. **Wieder** a sort **von** apology arose to my lips. Almost any exhibition **von** complete self-sufficiency draws a stunned tribute from me.

I looked back at my cousin, who began to ask me questions in her low, thrilling voice. It was the kind **von** voice **<u>die</u>** the ear follows up and down, as if each speech is an arrangement **von** notes **die** will never be played **wieder**. Her face was sad and lovely with bright things in it, bright eyes and a bright passionate mouth, but there was an excitement in her voice **das Männer** who had cared for her found difficult to forget: a singing compulsion, a whispered "Listen," a promise **das** she had done gay, exciting things just a while since and **das** there were gay, exciting things hovering in the next hour.

I told her how I had stopped off in Chicago for a day on my way East, and how a dozen people had sent their love through me.

“Do they miss me?” she cried ecstatically.

“The whole town is desolate. All the cars have the left rear wheel painted black as a mourning wreath, and there is a persistent wail all night along the north shore.”

“How gorgeous! Let us go back, Tom. Tomorrow!” **Dann** she added irrelevantly: “You ought to see the baby.”

“I would like to.”

“She has asleep. She is three years old. Haven’t you ever seen her?”

“Never.”

“Well, you ought to see her. She is —”

Tom Buchanan, who had been hovering restlessly about the room, stopped and rested his hand on my shoulder.

“What you doing, Nick?”

“I am a bond man.”

“Who with?”

I told him.

“Never heard **von ihnen**,” he remarked decisively.

This annoyed me.

“You will,” I answered shortly. “You will if you stay in the East.”

“Oh, I will stay in the East, don’t you worry,” he said, glancing at Daisy and **dann** back at me, as if he were alert for something more. “I would be a God damned fool to live anywhere else.”

At this point Miss Baker said: “Absolutely!” with **einer solchen** suddenness **dass** I started — it was the first word she had uttered since I **kam** into the room. Evidently it surprised her as much as it did me, for she yawned and with a series **von** rapid, deft movements stood up into the room.

“I am stiff,” she complained, “I have been lying on **dem** sofa for as long as I can remember.”

“Don’t look at me,” Daisy retorted, “I have been trying to get you **nach** New York all afternoon.”

“No, thanks,” said Miss Baker **zu** the four cocktails just in from the pantry. “I am absolutely in training.”

Her host looked at her incredulously.

"You are!" He took down his drink as if it were a drop in the bottom **eines** glass. "How you ever get anything done is beyond me."

I looked at Miss Baker, wondering what it was she "got done." I enjoyed looking at her. She was a slender, small-breasted girl, with an erect carriage, which she accentuated by throwing her body backward at the shoulders like a young cadet. Her grey sun-strained eyes looked back at me with polite reciprocal curiosity out **von** a wan, charming, discontented face. It occurred **zu** me now **das** I had seen her, or a picture **von ihr**, somewhere before.

"You live in West Egg," she remarked contemptuously. "I know somebody there."

"I don't know a single —"

"You must know Gatsby."

"Gatsby?" demanded Daisy. "What Gatsby?"

Before I could reply **das** he was my neighbour dinner was announced; wedging his tense arm imperatively under mine, Tom Buchanan compelled me from the room as though he were moving a checker **zu** another square.

Slenderly, languidly, their hands set lightly on their hips, the two young women preceded us out on **zu** a rosy-coloured porch, open toward the sunset, where four candles flickered on the **Tisch** in the diminished wind.

"Why candles?" objected Daisy, frowning. She snapped them out with her fingers. "In two weeks it will be the longest day in the year." She looked at us all radiantly. "Do you always watch for the longest day **des** year and **dann** miss it? I always watch for the longest day in the year and **dann** miss it."

"We ought to plan something," yawned Miss Baker, sitting down at the **Tisch** as if she were getting into bed.

"All right," said Daisy. "What will we plan?" She turned **zu** me helplessly: "What do people plan?"

Before I could answer her eyes fastened with an awed expression on her little finger.

"Look!" she complained; "I hurt it."

We all looked — the knuckle was black and blue.

"You did it, Tom," she said accusingly. "I know you did not mean to, but you did do it. **Das ist** what I get for marrying a brute **von** a man, a **tolles**, big, hulking physical specimen **von** a —"

“I hate **das** word ‘hulking,’ ” objected Tom crossly, “even in kidding.”

“Hulking,” insisted Daisy.

Sometimes she and Miss Baker talked at **einmal**, unobtrusively and with a bantering inconsequence **das** was never quite chatter, **das** was as cool as their white dresses and their impersonal eyes in the absence **von** all desire. They were here, and they accepted Tom and me, making only a polite pleasant effort to entertain or to be entertained. They knew **das** presently dinner would be over and a little later the evening too would be over and casually put away. It was sharply different from the West, where an evening was hurried from phase to phase towards its close, in a continually disappointed anticipation or else in sheer nervous dread **von** the moment itself.

“You make me feel uncivilized, Daisy,” I confessed on my second glass **von** corky but rather impressive claret. “Can’t you talk about crops or something?”

I meant nothing in particular **durch** this remark, but it was taken up in an unexpected way.

“Civilization’s going **zu** pieces,” broke out Tom violently. “I have gotten to be a terrible pessimist about things. Have you read The Rise **von** the Coloured Empires **durch** this man Goddard?”

“Why, no,” I answered, rather surprised **durch** his tone.

“Well, it **ist** a fine book, and everybody ought to read it. The idea **ist** if we don’t look out the white race will be — will be utterly submerged. It **ist** all scientific stuff; it has been proved.”

“Tom’s getting very profound,” said Daisy, with an expression **von** unthoughtful sadness. “He reads deep books with long words in them. What was **das** word we —”

“Well, these books are all scientific,” insisted Tom, glancing at her impatiently. “This fellow has worked out the whole thing. It has up **zu** us, who are the dominant race, to watch out or these other races will have control **von** things.”

“We have got to beat them down,” whispered Daisy, winking ferociously toward the fervent sun.

“You ought to live in California —” began Miss Baker, but Tom interrupted her **durch** shifting heavily in his chair.

“This idea **ist dass** we are Nordics. I am, and you are, and you are, and —” After an infinitesimal hesitation he included Daisy with a slight nod, and she winked at me **wieder**. “—And we have produced all the things **die** go to make civilization — oh, science and art, and all **das**. Do you see?”

There was something pathetic in his concentration, as if his complacency, more acute than **von** old, was not enough **zu** him any more. **Als**, almost immediately, the telephone rang inside and the butler left the porch Daisy seized upon the momentary interruption and leaned towards me.

"I will tell you a family **Geheimnis**," she whispered enthusiastically. "It **ist** about the butler's nose. Do you want to hear about the butler's nose?"

"**Das ist** why I **kam** over tonight."

"Well, he was not always a butler; he used to be the silver polisher for some people in New York **die** had a silver service for two hundred people. He had to polish it from morning till night, until finally it began to affect his nose —"

"Things went from bad to worse," suggested Miss Baker.

"Yes. Things went from bad to worse, until finally he had to give up his position."

For a moment the last sunshine fell with romantic affection upon her glowing face; her voice compelled me forward breathlessly as I listened — **dann** the glow faded, each light deserting her with lingering regret, like children leaving a pleasant street at dusk.

The butler **kam** back and murmured something close **an** Tom's ear, whereupon Tom frowned, pushed back his chair, and without a word went inside. As if his absence quickened something within her, Daisy leaned forward **wieder**, her voice glowing and singing.

"I love to see you at my **Tisch**, Nick. You remind me **an** a — **an** a rose, an absolute rose. Doesn't he?" She turned **zu** Miss Baker for confirmation: "An absolute rose?"

This was untrue. I am not even faintly like a rose. She was only extemporizing, but a stirring warmth flowed from her, as if her heart was trying to come out **zu** you concealed in one **von** those breathless, thrilling words. **Dann** suddenly she threw her napkin on the **Tisch** and excused herself and went into the house.

Miss Baker and I exchanged a **kurzen** glance consciously devoid **von** meaning. I was about to speak **als** she sat up alertly and said "Sh!" in a warning voice. A subdued impassioned murmur was audible in the room beyond, and Miss Baker leaned forward unashamed, trying to hear. The murmur trembled on the verge **von** coherence, sank down, mounted excitedly, and **dann** ceased altogether.

"This Mr. Gatsby you spoke **von ist** my neighbour —" I began.

"Don't talk. I want to hear what happens."

"Is something happening?" I inquired innocently.

"You mean to say you don't know?" said Miss Baker, honestly surprised. "I thought everybody knew."

"I don't."

"Why —" she said hesitantly. "Tom's got some woman in New York."

"Got some woman?" I repeated blankly.

Miss Baker nodded.

"She might have the decency not to telephone him at dinner time. Don't you think?"

Almost before I had grasped her meaning there was the flutter **eines** dress and the crunch **von** leather boots, and Tom and Daisy were back at the **Tisch**.

"It couldn't be helped!" cried Daisy with tense gaiety.

She sat down, glanced searchingly at Miss Baker and **dann** at me, and continued: "I looked outdoors for a minute, and it **ist** very romantic outdoors. There **ist** a bird on the lawn **der** I think must be a nightingale come over on the Cunard or White Star Line. He is singing away —" Her voice sang: "It has romantic, **ist es nicht** it, Tom?"

"Very romantic," he said, and **dann** miserably **zu** me: "**Wenn** it **ist** light enough after dinner, I want to take you down **zu** the stables."

The telephone rang inside, startlingly, and as Daisy shook her head decisively at Tom the subject **von** the stables, in fact all subjects, vanished into air. Among the broken fragments **der** last five minutes at the **Tisch** I remember the candles being lit **wieder**, pointlessly, and I was conscious **von** wanting to look squarely at everyone, and yet to avoid all eyes. I couldn't guess what Daisy and Tom were thinking, but I doubt **ob** even Miss Baker, who seemed to have mastered a certain hardy scepticism, was able utterly to put this fifth guest's shrill metallic urgency out **von** mind. **Zu** a certain temperament the situation might have seemed intriguing — my own instinct was to telephone immediately for the police.

The horses, needless to say, were not mentioned **wieder**. Tom and Miss Baker, with several feet **von** twilight between them, strolled back into the library, as **ob zu** a vigil beside a perfectly tangible body, while, trying to look pleasantly interested and a little deaf, I followed Daisy around a chain **von** connecting verandas **zu** the porch in front. In its deep gloom we sat down side **durch** side on a wicker settee.

Daisy took her face in her hands as **ob** feeling its lovely shape, and her eyes moved gradually out into the velvet dusk. I saw **dass** turbulent emotions possessed her, so I asked what I thought would be some sedative questions about her little girl.

“We don’t know each other very well, Nick,” she said suddenly. “Even **wenn** we are cousins. You did not come **zu** my wedding.”

“I was not back from the war.”

“**Das** has true.” She hesitated. “Well, I have had a very bad time, Nick, and I am pretty cynical about everything.”

Evidently she had reason to be. I waited but she did not say any more, and after a moment I returned **eher** feebly **zu** the subject **von** her daughter.

“I suppose she talks, and — eats, and everything.”

“Oh, yes.” She looked at me absently. “Listen, Nick; let me tell you what I said **als** she was born. Would you like to hear?”

“Very much.”

“It **werde** show you how I have gotten to feel about — things. Well, she was less than an hour old and Tom was God knows where. I woke up out **von** the ether with an utterly abandoned feeling, and asked the nurse **sofort** **ob** it was a boy or a girl. She told me it was a girl, and so I turned my head away and wept. ‘**In Ordnung**,’ I said, ‘I am glad it **ist** a girl. And I hope she **wird** be a fool — **das ist** the best thing a girl **kann** be in this world, a beautiful little fool.’

“You see I think everything’s terrible anyhow,” she went on in a convinced way. “Everybody thinks so — the most advanced people. And I know. I have been everywhere and seen everything and done everything.” Her eyes flashed around her in a defiant way, **eher** like Tom’s, and she laughed with thrilling scorn. “Sophisticated — God, I am sophisticated!”

The instant her voice broke off, ceasing to compel my attention, my belief, I felt the basic insincerity **von** what she had said. It made me uneasy, as though the whole evening had been a trick **von** some sort to exact a contributory emotion from me. I waited, and sure enough, in a moment she looked at me with an absolute smirk on her lovely face, as **ob** she had asserted her membership in a **eher** distinguished **geheimen** society to which she and Tom belonged.

Weeve Reading Tip: If you struggle reading the weaved words try reading the full sentence and ignore the fact you didn't understand the foreign word. Your brain will subconsciously process this word, using context to better understand it for the next time it appears.

Inside, the crimson room bloomed with light. Tom and Miss Baker sat at either **Ende der** long couch and she read aloud **zu** him from the Saturday Evening Post — the words, murmurous and uninflected, running together in a soothing tune. The lamplight, bright on his boots and dull on the autumn-leaf yellow **ihres** hair, glinted along the paper as she turned a page with a flutter **von** slender muscles in her arms.

Als we **kamen** in she held us silent for a moment with a lifted hand.

"To be continued," she said, tossing the magazine on the **Tisch**, "in our very next issue."

Her body asserted itself with a restless movement **ihres** knee, and she stood up.

"**Zehn Uhr**," she remarked, apparently finding the time on the ceiling. "Time for this good girl to go **zu** bed."

"Jordan's going to play in the tournament tomorrow," explained Daisy, "over at Westchester."

"Oh — you are Jordan Baker."

I knew now why her face was familiar — its pleasing contemptuous expression had looked out at me from many rotogravure pictures **des** sporting **Lebens** at Asheville and Hot Springs and Palm Beach. I had heard some story **von ihr** too, a critical, unpleasant story, but what it was I had forgotten long ago.

"Good night," she said softly. "Wake me at eight, won't you."

"**Wenn** you **wirst** get up."

"I **werde**. Good night, Mr. Carraway. See you anon."

"**Natürlich** you **wirst**," confirmed Daisy. "In fact I think I **werde** arrange a marriage. Come over often, Nick, and I **werde** **irgendwie** — oh — fling you together. You know — lock you up accidentally in linen closets and push you out **zu** sea in a boat, and all **das** sort **von** thing —"

"Good night," called Miss Baker from the stairs. "I haven't heard a word."

"She **ist** a nice girl," said Tom after a moment. "They ought not to let her run around the country this way."

"Who ought not to?" inquired Daisy coldly.

"Her family."

"Her family **ist** one aunt about a thousand years old. Besides, Nick's going to look after her, aren't you, Nick? She is going to spend **viele** weekends out here this summer. I think the home influence **wird** be very good for her."

Daisy and Tom looked at each other for a moment in silence.

"Is she from New York?" I asked quickly.

"From Louisville. Our white girlhood was passed together there. Our beautiful white —"

"Did you give Nick a little heart **zu** heart talk on the veranda?" demanded Tom suddenly.

"Did I?" She looked at me. "I can't seem to remember, but I think we talked about the Nordic race. Yes, I am sure we did. It **irgendwie** crept up on us and first thing you know —"

"Don't believe everything you hear, Nick," he advised me.

I said lightly **dass** I had heard nothing at all, and a few minutes later I got up to go home. They **kamen** to the door with me and stood side **an** side in a cheerful square **von** light. As I **startete** my motor Daisy peremptorily called: "Wait!"

"I forgot to ask you something, and it **ist** important. We heard you **warst** engaged **mit** a girl out West."

"**Das ist richtig**," corroborated Tom kindly. "We heard **dass** you **warst** engaged."

"It **ist** a libel. I am **zu** poor."

"But we heard it," insisted Daisy, surprising me **durch** opening up **wieder** in a flower-like way. "We heard it from three people, so it must be true."

Natürlich I knew what they were referring **zu**, but I was not even vaguely engaged. The fact **dass** gossip had published the banns was one **der** reasons I had come East. You can't stop going with an old friend on account **von** rumours, and on the other hand I had no intention **davon** being rumoured into marriage.

Their interest **eher** touched me and made them less remotely rich — nevertheless, I was confused and a little disgusted as I drove away. It seemed **zu** me **dass** the thing for Daisy to do was to rush out **von** the house, child **in** arms — but apparently there **waren** no **solchen** intentions **in** her head. As for Tom, the fact **dass** he "had some woman **in** New York" was really less surprising than **dass** he had been depressed **wegen** a book. Something was making him nibble at the edge **von** stale ideas as **ob** his sturdy physical egotism no longer nourished his peremptory heart.

Already it was deep summer on roadhouse roofs and **vor** wayside garages, where new red petrol-pumps sat out **in** pools **von** light, and **als** I reached my estate at West Egg I ran the car under its she had and sat for a while on an abandoned grass roller **in** the yard. The wind had blown off, leaving a loud, bright night, with wings beating **in den Bäumen** and a persistent organ sound as the full bellows **der** earth blew the frogs full **des Lebens**. The silhouette **einer** moving cat wavered across the moonlight, and, turning my head to watch it, I saw **dass** I was not alone — fifty feet away a figure had emerged from the shadow **von** my neighbour's mansion and was standing with his hands **in** his pockets regarding the silver pepper **der** stars. Something **in** his leisurely movements and the secure position **seiner** feet upon the lawn suggested **dass** it was Mr. Gatsby himself, come out to determine what share was his **von** our local heavens.

I decided to call **zu** him. Miss Baker had mentioned him at dinner, and **dass** would do for an introduction. But I did not call **zu** him, for he gave a sudden intimation **dass** he was content to be alone — he stretched out his arms toward the dark water **in** a curious way, and, far as I was from him, I could have sworn he was trembling. Involuntarily I glanced seaward — and distinguished nothing except a single green light, minute and far away, **das** might have been **das Ende von** a dock. **Als** I looked **einmal** more for Gatsby he had vanished, and I was alone **wieder in der** unquiet darkness.

weeve

Chapter 1

German	Pronunciation	English
viel	fi:l	great deal
Groß	kʀo:s	great
großartige	kʀo:saʀti:gə	great
großen	kʀo:sən	great
große	kʀo:sə	great
Cousine dritten Grades	ko:u:si:ne: tʀɪtən kʀɑ:de:s	second cousin once removed
der	dɐ	of the
von	fo:n	of
kamen	kɑ:mən	came
einer	ainɐ	of a
davon	dɑ:fo:n	of it
seiner	zainɐ	of his
dieses	di:se:s	of that
großes	kʀo:se:s	great
Männer	mæ:nɐ	men
von mir	fo:n mi:ʀ	of me
wieder	vi:dɐ	again
dann	dan	then
Ende	əndə	end
kam	kɑ:m	came

weeve

Chapter 1

German	Pronunciation	English
das	dɑːs	that
die	diːə	that
von ihnen	foːn iːnən	of them
einer solchen	ainəʀ sɔlxən	such
dass	das	that
dem	deːm	that
nach	nɑːx	to
zu	t͡suː	to
eines	aineːs	of a
von ihr	foːn iːʀ	of her
Tisch	tiːʃ	table
des	deːs	of the
Das ist	dɑːs ɪst	that is
tolles	tɔleːs	great
einmal	aɪnmɑːl	once
durch	dʊʀx	by
ist	ɪst	is
Als	als	when
Geheimnis	geːaɪmniːs	secret
an	ɑːn	to/at
an	ɑːn	of
kurzen	kʊʀt͡sən	short

weeve

Chapter 1

German	Pronunciation	English
der	dɐ	that
ist es nicht	ɪst eːs nɪxt	isn't
Wenn	vənn	if
ob	oːp	if
eher	eːɐ	rather
werde	vəʀdə	will
sofort	zoːfɔʀt	right away
In Ordnung	iːn ɔʀtnʊŋk	all right
wird	vɪʀt	will
kann	kan	can
geheimen	geːaimən	secret
ihres	iːʀeːs	of her
Zehn Uhr	t͡seːn uːʀ	ten of the clock
Lebens	leːbəns	life
wirst	vɪʀst	will
Natürlich	nɑːtʏʀliːx	of course
irgendwie	ɪʀgəntviːə	sort of
viele	fiːlə	lots of
an	ɑːn	by/on
startete	ʃtaʀteːtə	started
warst	vaʀst	were
mit	miːt	to

Chapter 1

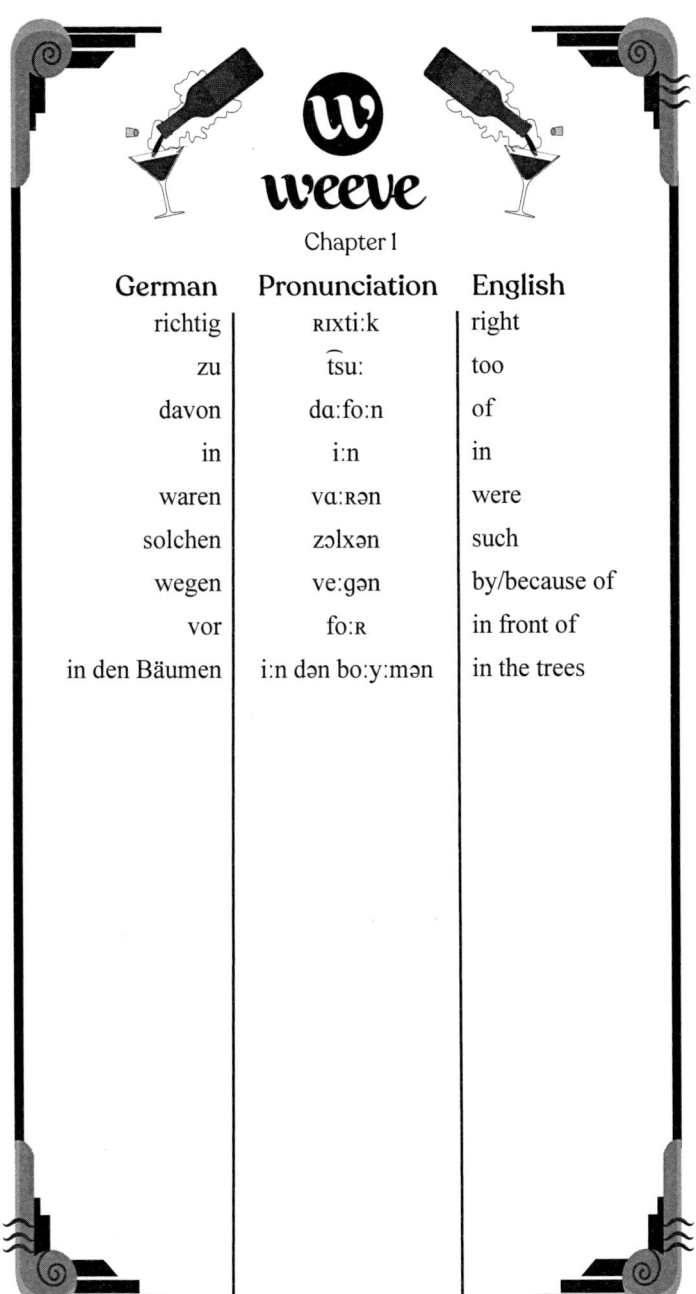

German	Pronunciation	English
richtig	ʀɪxti:k	right
zu	t͡su:	too
davon	dɑ:fo:n	of
in	i:n	in
waren	vɑ:ʀən	were
solchen	zɔlxən	such
wegen	ve:gən	by/because of
vor	fo:ʀ	in front of
in den Bäumen	i:n dən bo:y:mən	in the trees

2

Weeve Reading Tip: Bolded words represent words that have been translated into the target language. Bolded and underlined words/phrases represent the first incidence of the translated word/phrase in the text. We have included the most important underlined words and phrases in vocabulary tables at the end of each chapter to keep you on track.

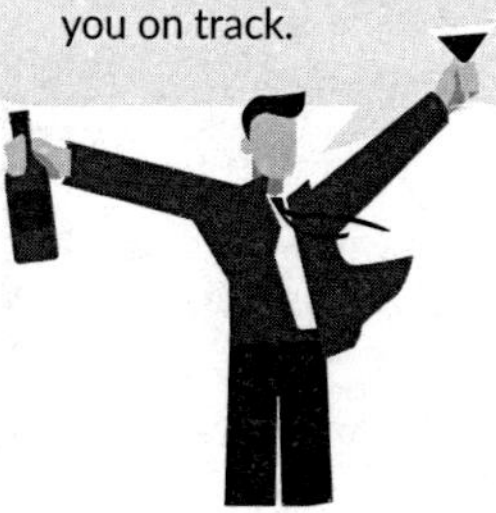

About halfway between West Egg and New York the motor road hastily joins the railroad and runs beside it for a quarter **einer** mile, so as to shrink away from a certain desolate area **von** land. This **ist** a valley **von** ashes — a fantastic farm where ashes grow like wheat into ridges and hills and grotesque gardens; where ashes take the forms **von** houses and chimneys and rising smoke and, finally, with a transcendent effort, **von** ash-grey **Männer**, who move dimly and already crumbling through the powdery air. Occasionally a **Linie** of grey cars crawls along an invisible track, gives out a ghastly creak, and comes **zur** rest, and immediately the ash-grey **Männer** swarm up with leaden spades and stir up an impenetrable cloud, which screens their obscure operations from your sight.

But above the grey land and the spasms **von** bleak dust which drift endlessly over it, you perceive, after a moment, the eyes **von** Doctor T. J. Eckleburg. The eyes **von** Doctor T. J. Eckleburg are blue and gigantic — their retinas are one yard **hoch**. They look out **von** no face, but, instead, from a pair **von** enormous yellow spectacles which pass over a nonexistent nose. Evidently some **wilder** wag **eines** oculist set them there to fatten his practice **in** the borough **von** Queens, and **dann** sank down himself into eternal blindness, or forgot them and moved away. But his eyes, dimmed a little **durch** many paintless **Tage**, under sun and rain, brood on over the solemn dumping ground.

The valley **von** ashes **ist** bounded on one side **durch** a small foul river, and, **wenn** the drawbridge **ist** up to let barges through, the passengers on waiting trains **können** stare at the dismal scene for as long as half an hour. There **ist** always a halt there **von** at least a minute, and it was **deswegen** **dass** I first met Tom Buchanan's mistress.

The fact **dass** he had one was insisted upon wherever he was known. His acquaintances resented the fact **dass** he turned up **in** popular cafés with her and, leaving her at a **Tisch**, sauntered about, chatting with whomsoever he knew. Though I was curious to see her, I had no desire to meet her — but I did. I **ging** up **nach** New York with Tom on the train one afternoon, and **als** we stopped **bei** the ash-heaps he jumped **zu** his feet and, taking hold **an** my elbow, literally forced me from the car.

"We are getting off," he insisted. "I want you to meet my girl."

I think he had tanked up a good deal at luncheon, **und** his determination to have my company bordered on violence. The supercilious assumption was **dass** on Sunday afternoon I had nothing better to do.

I followed him over a low whitewashed railroad fence, **und** we walked back a hundred yards along the road under Doctor Eckleburg's persistent stare. The only building **in** sight was a small block **von** yellow brick sitting on the edge **von** the waste land, a sort **von** compact Main Street ministering **zu** it, **und** contiguous **zu** absolutely nothing. One **der** three shops it contained was for rent **und** another was an all-night restaurant, approached **durch** a trail **von** ashes; the third was a garage — Repairs. George B. Wilson. Cars bought **und** sold. — **und** I followed Tom inside.

The interior was unprosperous **und** bare; the only car visible was the dust-covered wreck **eines** Ford which crouched **in** a dim corner. It had occurred **zu** me **dass** this shadow **von** a garage must be a blind, **und dass** sumptuous **und** romantic apartments **waren** concealed overhead, **als** the proprietor himself appeared **in** the door **eines** office, wiping his hands on a piece **von** waste. He was a blond, spiritless man, anaemic, **und** faintly handsome. **Als** he saw us a damp gleam **von** hope sprang into his light blue eyes.

"Hello, Wilson, old man," said Tom, slapping him jovially on the shoulder. "How **ist** business?"

"I can't complain," answered Wilson unconvincingly. "**Wann** are you going to sell me **dieses** car?"

"Next week; I have got my man working on it now."

"Works pretty slow, don't he?"

“No, he doesn’t,” said Tom coldly. “**Und wenn** you feel **diesen** way about it, maybe I would better sell it somewhere else after all.”

“I don’t mean **das**,” explained Wilson quickly. “I just meant —”

His voice faded off **und** Tom glanced impatiently around the garage. **Dann** I heard footsteps on a stairs, **und in** a moment the thickish figure **einer** woman blocked out the light from the office door. She was **in den mittleren** thirties, **und** faintly stout, but she carried her flesh sensuously as some women **können**. Her face, above a spotted dress **von** dark blue crêpe-de-chine, contained no facet or gleam **von** beauty, but there was an immediately perceptible vitality about her as **ob** the nerves **ihres** body were continually smouldering. She smiled slowly **und**, walking through her husband as **ob** he **wäre** a ghost, shook hands with Tom, looking him flush **in** the eye. **Dann** she wet her lips, **und** without turning around spoke **zu** her husband **in** a soft, coarse voice:

“Get some chairs, why don’t you, so somebody **kann** sit down.”

“Oh, sure,” agreed Wilson hurriedly, **und ging** toward the little office, mingling immediately with the cement colour **der** walls. A white ashen **Staub** veiled his dark suit **und** his pale hair as it veiled everything **in** the vicinity — except his wife, who moved close **zu** Tom.

“I want to see you,” said Tom intently. “Get on the next train.”

“**In Ordnung**.”

“I **werde** meet you **an** the newsstand on the lower level.”

She nodded **und** moved away from him just as George Wilson emerged with two chairs from his office door.

We waited for her down the road **und** out **von** sight. It was a few **Tage** before the Fourth **von** July, **und** a grey, scrawny Italian child was setting torpedoes **in** a row along the railroad track.

“Terrible place, **oder**,” said Tom, exchanging a frown with Doctor Eckleburg.

“Awful.”

“It does her good to get away.”

“Doesn’t her husband object?”

“Wilson? He thinks she goes to see her sister **in** New York. He **ist** so dumb he doesn’t know he has alive.”

So Tom Buchanan **und** his girl **und** I **gingen** up together **nach**

New York — or not quite together, for Mrs. Wilson sat discreetly **in** another car. Tom deferred **so** much **zu** the sensibilities **jener** East Eggers who might be on the train.

She had changed her dress **zu** a brown figured muslin, which stretched tight over her **eher** wide hips as Tom helped her **auf** the platform **in** New York. At the newsstand she bought a copy **von** Town Tattle **und** a moving-picture magazine, **und in** the station drugstore some cold cream **und** a small flask **von** perfume. Upstairs, **in dem** solemn echoing drive she let four taxicabs drive away before she selected a new one, lavender-coloured with grey upholstery, **und in** this we slid out from the mass **des** station into the glowing sunshine. But immediately she turned sharply from the window **und**, leaning forward, tapped on the front glass.

"I want to get one **von jenen** dogs," she said earnestly. "I want to get one for the apartment. They are nice to **haben** — a dog."

We backed up **zu** a grey old man who bore an absurd resemblance **zu** John D. Rockefeller. **In** a basket swung from his neck cowered a dozen very recent puppies **einer** indeterminate breed.

"What kind are they?" asked Mrs. Wilson eagerly, as he **kam** to the taxi-window.

"All kinds. What kind do you want, lady?"

"I had like to get one **von diesen** police dogs; I don't suppose you got **diese** kind?"

The man peered doubtfully into the basket, plunged **in** his hand **und** drew one up, wriggling, **an** the back **des** neck.

"**Das** has no police dog," said Tom.

"No, it **ist nicht** exactly a police dog," said the man with disappointment **in** his voice. "It has more **von** an Airedale." He passed his hand over the brown washrag **von** a back. "Look at **diesen** coat. Some coat. **Das** has a dog **das wird** never bother you with catching cold."

"I think it **ist** cute," said Mrs. Wilson enthusiastically. "How much **ist** it?"

"**Der** dog?" He looked at it admiringly. "**Der** dog **wird** cost you ten dollars."

The Airedale — undoubtedly there was an Airedale concerned **in** it somewhere, though its feet **waren** startlingly white — changed hands **und** settled down into Mrs. Wilson's lap, where she fondled the weatherproof coat with rapture.

"Is it a boy or a girl?" she asked delicately.

“**Der** dog? **Der** dog’s a boy.”

“It **ist** a bitch,” said Tom decisively. “Here’s your money. **<u>Geh</u>** and buy ten more dogs with it.”

We drove over **zu** Fifth Avenue, warm **und** soft, almost pastoral, on the summer Sunday afternoon. I wouldn’t have been surprised to see a **große** flock **von** white sheep turn the corner.

“Hold on,” I said, “I **<u>muss</u>** leave you here.”

“No you don’t,” interposed Tom quickly. “Myrtle **wird** be hurt **wenn** you don’t come up **zu** the apartment. Won’t you, Myrtle?”

“Come on,” she urged. “I **werde** telephone my sister Catherine. She **ist** said to be very beautiful **<u>von</u>** people who ought to know.”

“Well, I had like to, but —”

We **gingen** on, cutting back **wieder** over the Park toward the West Hundreds. At 158th Street the cab stopped at one slice **in** a long white cake **von** apartment-houses. Throwing a regal homecoming glance around the neighbourhood, Mrs. Wilson gathered up her dog **und** her other purchases, **und ging** haughtily **<u>hinein</u>**.

“I am **werde haben** the Mckees come up,” she announced as we rose **in** the elevator. “**Und, natürlich**, I got to call up my sister, **<u>auch</u>**.”

The apartment was on the top floor — a small living-room, a small dining-room, a small bedroom, **und** a bath. The living-room was crowded **zu** the doors with a set **von** tapestried furniture entirely **zu** large **<u>für</u>** it, so **das** to move about was to stumble continually over scenes **von** ladies swinging **in** the gardens **von** Versailles. The only picture was an over-enlarged photograph, apparently a hen sitting on a blurred rock. Looked at from a distance, however, the hen resolved itself into a bonnet, **und** the countenance **einer** stout old lady beamed down into the room. Several old copies **von** Town Tattle lay on **dem Tisch** together with a copy **von** Simon Called Peter, **und** some **des** small scandal magazines **von** Broadway. Mrs. Wilson was first concerned with the dog. A reluctant elevator boy **ging** for a box full **von** straw **und** some milk, to which he added on his own initiative a tin **von** large, hard dog biscuits — one **von** which decomposed apathetically **in** the saucer **von** milk all afternoon. Meanwhile Tom brought out a bottle **von** whisky from a locked bureau door.

I have been drunk just twice **in** my **<u>Leben</u>**, **und** the second time was **<u>dieser</u>** afternoon; so everything **das** happened has a dim, hazy cast over it, although until after eight **von** the clock the apartment was full **von** cheerful sun. Sitting on Tom’s lap Mrs. Wilson called up several people on the telephone; **dann** there

waren no cigarettes, **und** I **ging** out to buy some at the drugstore on the corner. **Als** I **kam** back they had both disappeared, so I sat down discreetly **in** the living-room **und** read a chapter **von** Simon Called Peter — either it was terrible stuff or the whisky distorted things, **denn** it did not make any sense **zu** me.

Just as Tom **und** Myrtle (after the first drink Mrs. Wilson **und** I called each other **bei** our first names) reappeared, company commenced to arrive at the apartment door.

The sister, Catherine, was a slender, worldly girl **von** about thirty, with a solid, sticky bob **von** red hair, **und** a complexion powdered milky white. Her eyebrows had been plucked **und** **dann** drawn on **wieder** at a more rakish angle, but the efforts **von** nature toward the restoration **des** old alignment gave a blurred air **zu** her face. **Als** she moved about there was an incessant clicking as innumerable pottery bracelets jingled up **und** down upon her arms. She **kam** in with **einer solchen** proprietary haste, **und** looked around so possessively at the furniture **dass** I wondered **ob** she lived here. But **als** I asked her she laughed immoderately, repeated my question aloud, **und** told me she lived with a girl friend at a hotel.

Mr. Mckee was a pale, feminine man from the flat below. He had just shaved, **weil** there was a white spot **von** lather on his cheekbone, **und** he was most respectful **in** his greeting **zu** everyone **in** the room. He informed me **dass** he was **in dem** "artistic game," **und** I gathered **später** that he was a photographer **und** had made the dim enlargement **von** Mrs. Wilson's mother which hovered like an ectoplasm on the wall. His wife was shrill, languid, handsome, **und** horrible. She told me with pride **dass** her husband had photographed her a hundred **und** twenty-seven times since they had been married.

Mrs. Wilson had changed her costume some time before, **und** was now attired **in** an elaborate afternoon dress **von** cream-coloured chiffon, which gave out a continual rustle as she swept about the room. With the influence **des** dress her **Persönlichkeit** had also undergone a change. The intense vitality **die** had been so remarkable **in** the garage was converted into impressive hauteur. Her laughter, her gestures, her assertions became more violently affected moment **für** moment, **und** as she expanded the room grew smaller around her, until she seemed to be revolving on a noisy, creaking pivot through the smoky air.

"My dear," she told her sister **in** a **hohen**, mincing shout, "most **von** these fellas **werden** cheat you every time. All they think **an** **ist** money. I had a woman up here last week to look at my feet, **und als** she gave me the bill you had of thought she had my appendicitis out."

"What was the name **der** woman?" asked Mrs. Mckee.

"Mrs. Eberhardt. She goes around looking at people's feet **in** their own homes."

"I like your dress," remarked Mrs. Mckee, "I think it **ist** adorable."

Mrs. Wilson rejected the compliment **durch** raising her eyebrow **in** disdain.

"It **ist** just a crazy old thing," she said. "I just slip it on sometimes **wenn** I don't care what I look like."

"But it looks wonderful on you, **wenn** you know what I mean," pursued Mrs. Mckee. "**Wenn** Chester could only get you **in dieser** pose I think he could make something **davon**."

We all looked **in** silence at Mrs. Wilson, who removed a strand **von** hair from over her eyes **und** looked back at us with a brilliant smile. Mr. Mckee regarded her intently with his head on one side, **und dann** moved his hand back **und** forth slowly **vor** his face.

"I should change the light," he said after a moment. "I had like to bring out the modelling **von** the features. **Und** I would try to

ergattern all the back hair."

"I wouldn't think **an** changing the light," cried Mrs. Mckee. "I think it **ist** —"

Her husband said "Sh!" **und** we all looked at the subject **wieder**, whereupon Tom Buchanan yawned audibly **und** got **zu** his feet.

"You Mckees **habt** something to drink," he said. "Get some **mehr** ice **und** mineral water, Myrtle, before everybody goes **zu** sleep."

"I told **diesem** boy about the ice." Myrtle raised her eyebrows **in** despair at the shiftlessness **der** lower orders. "These people! You **musst** keep after them all the time."

She looked at me **und** laughed pointlessly. **Dann** she flounced over **zu** the dog, kissed it with ecstasy, **und** swept into the kitchen, implying **das** a dozen chefs awaited her orders there.

"I have done some nice things out on Long Island," asserted Mr. Mckee.

Tom looked at him blankly.

"Two **von ihnen** we have framed downstairs."

"Two what?" demanded Tom.

"Two studies. One **von ihnen** I call Montauk Point — The Gulls, **und** the other I call Montauk Point — The Sea."

The sister Catherine sat down beside me on the couch.

“Do you live down on Long Island, **auch**?” she inquired.

“I live at West Egg.”

“Really? I was down there at a party about a month ago. At a man named Gatsby’s. Do you know him?”

“I live next door **zu** him.”

“Well, they say he **ist** a nephew or a cousin **von** Kaiser Wilhelm’s. **Das ist** where all his money comes from.”

“Really?”

She nodded.

“I am scared **vor ihm**. I had hate to **haben** him get anything on me.”

This absorbing information about my neighbour was interrupted **durch** Mrs. Mckee’s pointing suddenly at Catherine:

“Chester, I think you could do something with her,” she broke out, but Mr. Mckee only nodded **in** a bored way, **und** turned his attention **zu** Tom.

“I would like to do **mehr** work on Long Island, **wenn** I could get the entry. All I ask **ist dass** they should give me a start.”

“Ask Myrtle,” **sagte** Tom, breaking into a **kurzen** shout **von** laughter as Mrs. Wilson entered with a tray. “She **wird** give you a **Empfehlung**, won’t you, Myrtle?”

“Do what?” she asked, startled.

“You **wirst** give Mckee a letter **von** introduction **zu** your husband, so he **kann** do some studies **von ihm**.” His lips moved silently **für** a moment as he invented, “‘George B. Wilson at the Gasoline Pump,’ or something like **das**.”

Catherine leaned close **zu** me **und** whispered **in** my ear:

“Neither **von ihnen kann** stand **die Person** they are married **zu**.”

“Can’t they?”

“Can’t stand them.” She looked at Myrtle **und dann** at Tom. “What I say **ist**, why **weiter** living with them **wenn** they can’t stand them? **Wenn** I was them I would get a divorce **und** get married **mit** each other **sofort**.”

“Doesn’t she like Wilson either?”

The answer **zu** this was unexpected. It **kam** from Myrtle, who had overheard the question, **und** it was violent **und** obscene.

"You see," cried Catherine triumphantly. She lowered her voice **wieder**. "It has really his wife **die** has keeping them apart. She has a Catholic, **und** they don't believe **in** divorce."

Daisy was not a Catholic, **und** I was a little shocked at the elaborateness **von** the lie.

"**Wenn** they do get married," continued Catherine, "they are going West to live **für** a while until it blows over."

"It would be <u>**diskreter**</u> to <u>**gehen**</u> **nach** Europe."

"Oh, do you like Europe?" she exclaimed surprisingly. "I just got back from Monte Carlo."

"Really."

"Just last year. I **ging** over there with another girl."

"Stay long?"

"No, we just **gingen** to Monte Carlo **und** back. We **gingen** by way **von** Marseilles. We had over twelve hundred dollars **als** we <u>**starteten**</u>, but we got gyped out **davon** all **in** two <u>**Tagen**</u> in the private rooms. We had an awful time getting back, I **kann** tell you. God, how I hated **diese** town!"

The late afternoon sky bloomed **in** the window **für** a moment like the blue honey **des** Mediterranean — **dann** the shrill voice **von** Mrs. Mckee called me back into the room.

"I almost made a mistake, **auch**," she declared vigorously. "I almost married a little kike who'd been after me <u>**jahrelang**</u>. I knew he was below me. Everybody kept saying **zu** me: 'Lucille, **dieser** man's way below you!' But **wenn** I hadn't met Chester, he had of got me sure."

"Yes, but listen," **sagte** Myrtle Wilson, nodding her head up **und** down, "at least you did not marry him."

"I know I did not."

"Well, I married him," **sagte** Myrtle, ambiguously. "**Und das ist** the difference between your case **und** mine."

"Why did you, Myrtle?" demanded Catherine. "Nobody forced you to."

Myrtle considered.

"I married him <u>**weil**</u> I thought he was a gentleman," she **sagte** finally. "I thought he knew something about breeding, but he was not fit to lick my shoe."

"You **warst** crazy about him **für** a while," **sagte** Catherine.

"Crazy about him!" cried Myrtle incredulously. "Who **sagt** I was crazy about him? I never was any **verrückter** about him than I was about **diesen** man there."

She pointed suddenly at me, **und** everyone looked at me accusingly. I tried to show **durch** my expression **dass** I expected no affection.

"The only crazy I was was **als** I married him. I knew **sofort** I made a mistake. He borrowed somebody's best suit to get married **in**, **und** never even told me about it, **und** the man **kam** after it one day **als** he was out: 'Oh, is **das** your suit?' I **sagte**. 'This **ist** the first I ever heard about it.' But I **gab** it **zu** him **und dann** I lay down **und** cried to beat the band all afternoon."

"She really ought to get away from him," resumed Catherine **zu** me. "They have been living over **dieser** garage **für** eleven **Jahre**. **Und** Tom's the first sweetie she ever had."

The bottle **von** whisky — a second one — was now **in** constant demand **von** all present, excepting Catherine, who "felt just as good on nothing at all." Tom rang **nach** the janitor **und** sent him **für einige** celebrated sandwiches, which **waren** a complete supper **in** themselves. I wanted to get out **und** walk eastward toward the park through the soft twilight, but each time I tried to **gehen** I became entangled **in ein wildes**, strident argument which pulled me back, as **wie** with ropes, into my chair. Yet **hoch** over the city our **Linie von** yellow windows **mussten** have contributed their share **von** human secrecy **zum** casual watcher **in den** darkening streets, **und** I saw him **auch**, looking up **und** wondering. I was within **und** without, simultaneously enchanted **und** repelled **bis der** inexhaustible variety **des Lebens**.

Myrtle pulled her chair close **zu** mine, **und** suddenly her warm breath poured over me the story **ihres** first meeting with Tom.

"It was on the two **kleinen** seats facing each other **die** are always the last ones left on the train. I was going up **nach** New York to see my sister **und** spend the night. He had on a dress suit **und** patent leather shoes, **und** I couldn't keep my eyes off him, but every time he looked at me I had to pretend to be looking at the advertisement over his head. **Als** we **kamen** into the station he was **neben** me, **und** his white shirtfront pressed against my arm, **und** so I told him I would **haben** to call a policeman, but he knew I lied. I was so excited **dass** when I got into a taxi with him I did not hardly know I was not getting into a subway train. All I kept thinking about, over **und** over, was 'You can't live forever; you can't live forever.' "

She turned **zu** Mrs. Mckee **und** the room rang full **ihres** artificial laughter.

"My dear," she cried, "I am going to give you this dress as soon as I am through with it. I have got to get another one tomorrow. I am going to make a list **von** all the things I have got to get. A massage **und** a wave, **und** a collar **für** the dog, **und** one **von diesen** cute **kleinen** ashtrays where you touch a **Feder**, **und** a wreath with a black silk bow **für** mother's grave **das wird** last all summer. I got to write down a list so I won't forget all the things I got to do."

It was **neun Uhr** — almost immediately afterward I looked at my watch **und** found it was ten. Mr. Mckee was asleep on a chair with his fists clenched **in** his lap, like a photograph **von** a man **von** action. Taking out my handkerchief I wiped from his cheek the spot **von** dried lather **der** had worried me all the afternoon.

The **kleine** dog was sitting on **dem Tisch** looking with blind eyes through the smoke, **und** from time **zu** time groaning faintly. People disappeared, reappeared, made plans to **gehen** somewhere, **und dann** lost each other, searched **nach** each other, found each other a few feet away. **Irgendwann** toward midnight Tom Buchanan **und** Mrs. Wilson stood face **zu** face discussing, **in** impassioned voices, whether Mrs. Wilson had any **Recht** to mention Daisy's name.

"Daisy! Daisy! Daisy!" shouted Mrs. Wilson. "I **werde** say it **wann immer** I want to! Daisy! Dai —"

Making a **kurze** deft movement, Tom Buchanan broke her nose with his open hand.

Dann there **waren** bloody towels upon the bathroom floor, **und** women's voices scolding, **und hoch** over the confusion a long broken wail **von** pain. Mr. Mckee awoke from his doze **und startete** in a daze toward the door. **Als** he had gone halfway he turned around **und** stared at the scene — his wife **und** Catherine scolding **und** consoling as they stumbled here **und** there among the crowded furniture with articles **von** aid, **und** the despairing figure on the couch, bleeding fluently, **und** trying to spread a copy **von** Town Tattle over the tapestry scenes **von** Versailles. **Dann** Mr. Mckee turned **und** continued on out the door. Taking my **Hut** from the chandelier, I followed.

"Come **zum** lunch **eines** day," he suggested, as we groaned down **in** the elevator.

"Where?"

"Anywhere."

"Keep your hands off the lever," snapped the elevator boy.

“I beg your pardon,” **sagte** Mr. Mckee with dignity, “I did not know I was touching it.”

“**In Ordnung**,” I agreed, “I **werde** be glad **zu**.”

… I was standing beside his bed **und** he was sitting up between the sheets, clad **in** his underwear, with a **großen** portfolio **in** his hands.

“Beauty **und** the Beast … Loneliness … Old Grocery Horse … Brook’n Bridge …”

Dann I was lying half asleep **in dem** cold lower level **der** Pennsylvania Station, staring at the morning Tribune, **und** waiting **auf den** four **von** the clock train.

weeve

Chapter 2

German	Pronunciation	English
Linie	liːniːə	line
zur	t͡suːʀ	to
hoch	hoːx	high
wilder	vɪldɐ	wild
Tage	tɑːgə	days
wenn	vənn	when
können	kœnən	can
deswegen	dɛsveːgən	because of this
ging	gɪŋk	went
bei	bai	by/at
und	ʊnt	and
Wann	van	when
dieses	diːseːs	that
diesen	diːsən	that
mittleren	mɪtləʀən	middle
wäre	væːʀə	were
Staub	ʃtaup	dust
oder	oːdɐ	isn't it
gingen	giːŋən	went
so	zoː	that
jener	jənɐ	of those
auf	auf	to

weeve

Chapter 2

German	Pronunciation	English
von jenen	foːn jənən	of those
haben	hɑːbən	have
diese	diːsə	that
Geh	geː	go
muss	mʊs	have to
von	foːn	by
hinein	hiːnain	in
auch	aux	too
für	fyːʀ	for
Leben	leːbən	life
dieser	diːsɐ	that
denn	dənn	because
bei	bai	by
weil	vail	for
später	ʃpæːtɐ	later
Persönlichkeit	pəʀsœnlɪxkait	personality
für	fyːʀ	by/for
hohen	hoːən	high
werden	vəʀdən	will
an	ɑːn	of/on
ergattern	əʀgatəʀn	get hold of
habt	habt	have

Chapter 2

German	Pronunciation	English
mehr	me:ʀ	more
diesem	di:se:m	that
musst	mʊst	have to
vor ihm	fo:ʀ i:m	of him
sagte	zaktə	said
Empfehlung	ɛmp͡fe:lʊŋk	letter of introduction
die Person	di: pəʀso:n	the person
weiter	vaitɐ	go on
mit	mi:t	to/with
diskreter	dɪskʀe:tɐ	more discreet
gehen	ge:ən	go
starteten	ʃtaʀte:tən	started
Tagen	tɑ:gən	days
jahrelang	jɑ:ʀe:laŋk	for years
weil	vail	because
sagt	zagt	said
verrückter	fəʀʀʏktɐ	more crazy
gab	gɑ:p	gave
Jahre	jɑ:ʀə	years
von	fo:n	by/of
nach	nɑ:x	for

weeve

Chapter 2

German	Pronunciation	English
für einige	fy:ʀ aini:çə	for some
in ein	i:n ain	in some
wildes	vɪlde:s	wild
wie	vi:ə	if/how
mussten	mʊstən	must
zum	t͡su:m	to the
bis der	bi:s dɐ	by the
kleinen	klainən	little
neben	ne:bən	next to
Feder	fe:dɐ	spring
neun Uhr	no:y:n u:ʀ	nine of the clok
kleine	klainə	little
Irgendwann	ɪʀgəntvan	some time
Recht	ʀɛxt	right
wann immer	van ɪmɐ	whenever
kurze	kʊʀt͡sə	short
Hut	hu:t	hat
zum	t͡su:m	to
eines	aine:s	some

3

Weeve Reading Tip: Use vocab tables to check your knowledge and look at our pronunciation guides. Don't try to memorise the vocab tables - if you find you do not understand the vocab in the vocab tables, try re-reading the chapter and see if you can pick them up through context the second time round.

There was music from my neighbour's house through the summer nights. **In** his blue gardens **Männer** and girls **kamen** and **gingen** like moths among the whisperings **und** the champagne **und** the stars. At **Flut** **in** the afternoon I watched his guests diving from the tower **seines** raft, or taking the sun on the hot sand **seines** beach while his two motorboats slit the waters **des** Sound, drawing aquaplanes over cataracts **von** foam. On weekends his Rolls-royce became an omnibus, bearing parties **zu** **und** from the city between nine **in** the morning **und** long past midnight, while his station wagon scampered **wie** a brisk yellow bug to meet all trains. **Und** on Mondays eight servants, including an extra gardener, toiled all day with mops **und** scrubbing-brushes **und** hammers **und** garden-shears, repairing the ravages **von** the night before.

Every Friday five crates **von** oranges **und** lemons arrived from a fruiterer **in** New York — every Monday these same oranges **und** lemons left his back door **in** a pyramid **von** pulpless halves. There was a machine **in** the kitchen which could extract the juice **von** two hundred oranges **in** half an hour **wenn** a **kleiner** button was pressed two hundred times **von** a butler's thumb.

At least **einmal** a fortnight a corps **von** caterers **kam** down with several hundred feet **von** canvas **und** enough coloured lights to make a Christmas tree **aus** Gatsby's enormous garden. On buffet tables, garnished with glistening hors-d'oeuvre, spiced baked hams crowded against salads **von** harlequin designs **und** pastry pigs **und** turkeys bewitched **zu** a dark **<u>Gold</u>**. **In der** main hall a bar with a real brass rail was set up, **und** stocked with gins **und** liquors **und** with cordials so long forgotten **dass** most **von** his female guests **waren zu** young to know one from another.

<u>Um sieben Uhr</u> the orchestra has arrived, no thin five-piece affair, but a whole pitful **von** oboes **und** trombones **und** saxophones **und** viols **und** cornets **und** piccolos, **und** low **und** **<u>hohe</u>** drums. The last swimmers have come **<u>zurück</u>** from the beach now **und** are dressing upstairs; the cars from New York are parked five deep **in** the drive, **und** already the halls **und** salons **und** verandas are gaudy with primary colours, **und** hair bobbed **<u>auf</u>** strange new ways, **und** shawls beyond the dreams **von** Castile. The bar **ist in** full swing, **und** floating rounds **von** cocktails permeate the garden outside, until the air **ist** alive with chatter **und** laughter, **und** casual innuendo **und** introductions forgotten on the spot, **und** enthusiastic meetings between women who never knew each other's names.

The lights grow brighter as the earth lurches away from the sun, **und** now the orchestra is playing yellow cocktail music, **und** the opera **aus** voices pitches a key higher. Laughter **ist** easier minute **bei** minute, spilled with prodigality, tipped out at a cheerful word. The groups change **<u>schneller</u>**, swell with new arrivals, dissolve **und** form **in dem** same breath; already there are wanderers, confident girls who weave here **und** there among the stouter **und** **<u>stabiler</u>**, become **für** a sharp, joyous moment the centre **einer** group, **und dann**, excited with triumph, glide on through the sea-change **von** faces **und** voices **und** colour under the constantly changing light.

Suddenly one **von** these gypsies, **in** trembling opal, seizes a cocktail **aus** the air, dumps it down **für** courage **und**, moving her hands **wie** Frisco, dances out alone on the canvas platform. A momentary hush; the orchestra leader varies his rhythm obligingly **<u>für sie</u>**, **und** there **ist** a burst **von** chatter as the erroneous news goes around **dass** she **ist** Gilda Gray's understudy from the Follies. The party has begun.

<u>Ich</u> believe **dass** on the first night **ich ging zu** Gatsby's house **ich** was one **der** few guests who had actually been invited. **<u>Menschen</u>** were not invited — they **gingen** there. They got into automobiles which bore them out **zu** Long Island, **und** somehow they ended up at Gatsby's door. **Einmal** there they **<u>wurden</u>** introduced **von** somebody who knew Gatsby, **und** **<u>danach</u>** they conducted themselves according **zu** the rules **von** behaviour associated with an amusement park. Sometimes they **kamen** and **gingen** without having met Gatsby at all, **kamen** for the party with a simplicity **von** heart **das** was its own ticket **von** admission.

Ich had been actually invited. A chauffeur **in** a uniform **von** robin's-egg blue crossed my lawn early **diesen** Saturday morning with a surprisingly formal note from his employer: the honour would be entirely Gatsby's, it **sagte**, **wenn ich** would attend his "**kleine** party" **diese** night. He had seen me several times, **und** had intended to call on me long before, but a peculiar combination **von** circumstances had prevented it — signed Jay Gatsby, **in** a majestic hand.

Dressed up **in** white flannels **ich ging** over **zu** his lawn a **wenig** after seven, **und** wandered around **eher** ill at ease among swirls **und** eddies **von Leuten** **ich** did not know — though here **und** there was a face **ich** had noticed on the commuting train. **Ich** was immediately struck **von** the number **von** young Englishmen dotted about; all well dressed, all looking a **wenig** hungry, **und** all talking **in** low, earnest voices **zu** solid **und** prosperous Americans. **Ich** was sure **dass** they were selling something: bonds **oder** insurance **oder** automobiles. They **waren** at least agonizingly aware **des** easy money **in** the vicinity **und** convinced **dass** it was theirs **für** a few words **in den** **rechten** key.

As soon as **ich** arrived **ich** made an attempt to find my host, but the **zwei** or three **Menschen von** whom **ich** asked his whereabouts stared at me **in solch** an amazed way, **und** denied so vehemently any knowledge **von** his movements, **dass** I slunk off **in** the direction **von** the cocktail **Tisch** — the only place **in** the garden where a **einzelner** man could linger without looking purposeless **und** alone.

Ich was on my way to get roaring drunk from sheer embarrassment **als** Jordan Baker **kam** out **von** the house **und** stood at the head **von** the marble steps, leaning a **wenig** backward **und** looking with contemptuous interest down into the garden.

Welcome **oder** not, **ich** found it necessary to attach myself **zu** someone before **ich** should begin to address cordial remarks **zu** the passersby.

"Hello!" **Ich** roared, advancing toward her. My voice seemed unnaturally loud across the garden.

"**Ich** thought you might be here," she responded absently as **ich** **kam** up. "**Ich** remembered you lived next door **zu** —"

She held my hand impersonally, as a promise **dass** she would take care **auf mich** **in** a minute, **und gab** ear **zu zwei** girls **in** twin yellow dresses, who stopped at the foot **von** the steps.

"Hello!" they cried together. "Sorry you did not win."

Das was **für** the golf tournament. She had lost **in** the finals the week before.

"You don't know who we are," **sagte** one **von** the girls **in** yellow, "but we met you here about a month ago."

"You have dyed your hair **seit** then," remarked Jordan, **und ich begann**, but the girls had moved casually on **und** her remark was addressed **zum** premature moon, produced **wie** the supper, no doubt, out **von** a caterer's basket. With Jordan's slender golden arm resting **in** mine, we descended the steps **und** sauntered about the garden. A tray **von** cocktails floated at us through the twilight, **und** we sat down at a **Tisch** with the **zwei** girls **in** yellow **und** three **Männern**, each one introduced **zu** us as Mr. Mumble.

"Do you come **zu** these parties often?" inquired Jordan **von** the girl beside her.

"The last one was the one **ich** met you at," answered the girl, **in** an alert confident voice. She turned **zu** her companion: "Was not it **für dich**, Lucille?"

It was **für** Lucille, **auch**.

"**Ich würde gern** come," Lucille **sagte**. "**Ich** never care what **ich** do, so **ich** always **habe** a good time. **Als ich** was here last **ich** tore my gown on a chair, **und** he asked me my name **und** address — inside **einer** week **ich** got a package from Croirier's with a new evening gown **darin**."

"Did you keep it?" asked Jordan.

"Sure **ich** did. **Ich** was going to wear it tonight, but it was **zu** big **in** the bust **und** had to be altered. It was gas blue with lavender beads. **Zwei** hundred **und** sixty-five dollars."

"There **ist** something funny about a fellow **der wird** do a thing **wie das**," **sagte** the other girl eagerly. "He doesn't want any trouble with anybody."

"Who doesn't?" **Ich** inquired.

"Gatsby. Somebody told me —"

The **zwei** girls **und** Jordan leaned together confidentially.

"Somebody told me they thought he killed a man **einmal**."

A thrill passed **über** all **von** us. The three Mr. Mumbles bent forward **und** listened eagerly.

"**Ich** don't think it **ist** so much **das**," argued Lucille sceptically; "It has **mehr dass** he was a German spy during the war."

One **der Männer** nodded **in** confirmation.

"**Ich** heard **dass** from a man who knew all about him, grew up with him **in** Germany," he assured us positively.

"Oh, no," **sagte** the first girl, "it couldn't be **das**, **weil** he was **in der** American army during the war." As our credulity switched back **zu** her she leaned forward with enthusiasm. "You look at him sometimes **als** he thinks nobody's looking at him. **Ich werde** bet he killed a man."

She narrowed her eyes **und** shivered. Lucille shivered. We all turned **und** looked around **nach** Gatsby. It was testimony **zu den** romantic speculation he inspired **dass** there **waren** whispers about him from **jenen** who had found **wenig dass** it was necessary to whisper about **in** this **Welt**.

The first supper — there would be another one after midnight — was now **serviert und** Jordan invited me to join her own party, who **war** spread around a **Tisch** on the other side **von** the garden. There **waren** three married couples **und** Jordan's escort, a persistent undergraduate given **zu** violent innuendo, **und** obviously under the impression **das** sooner **oder später** Jordan was going to yield him up her **Person** to a greater **oder** lesser degree. Instead **von** rambling, this party had preserved a **würdevolle** homogeneity, **und** assumed **zu** itself the function **von** representing the staid nobility **von** the countryside — East Egg condescending **zu** West Egg **und** carefully on guard against its spectroscopic gaiety.

"Let us get out," whispered Jordan, after a somehow wasteful **und** inappropriate half-hour; "this **ist** much **zu** polite **für mich**."

We got up, **und** she explained **dass** we were going to find the host: **Ich** had never met him, she **sagte**, **und** it was making me uneasy. The undergraduate nodded **auf** a cynical, melancholy way.

The bar, where we glanced first, was crowded, but Gatsby was **nicht** there. She couldn't find him from the top **von** the steps, **und** he was **nicht** on the veranda. On a chance we tried an important-looking door, **und** walked into a **hohe** Gothic library, panelled with carved English oak, **und** probably transported complete from **mancher** ruin overseas.

A stout, **mittleren**-aged man, with enormous owl-eyed spectacles, was sitting somewhat drunk on **der Kante von** a **großen Tisch**, staring with unsteady concentration at the shelves **von** books. As we entered he wheeled excitedly around **und** examined Jordan from head **zu** foot.

"What do you think?" he demanded impetuously.

"About what?"

He waved his hand toward the bookshelves.

"About **das**. As a **Tatsache** you needn't bother to ascertain. **Ich** ascertained. They are real."

"The books?"

He nodded.

"Absolutely real — have pages **und** everything. **Ich** thought they would be a nice durable cardboard. **Tatsache**, they are absolutely real. Pages **und** — Here! Lemme show you."

Taking our scepticism **als** granted, he rushed **zu** the bookcases **und** returned with Volume One **der** Stoddard Lectures.

"See!" he cried triumphantly. "It **ist** a bona-fide piece **von** printed matter. It fooled me. This fella's a regular Belasco. It **ist** a triumph. What thoroughness! What realism! Knew **wenn** to stop, **auch** — did not cut the pages. But what do you want? What do you expect?"

He snatched **das Buch** from me **und** replaced it hastily on its shelf, muttering **dass** if one brick was removed the whole library was liable to collapse.

"Who brought you?" he demanded. "**Oder** did you just come? **Ich** was brought. **Die meisten Leute wurden mitgebracht."**

Jordan looked at him alertly, cheerfully, without answering.

"**Ich** was brought **von** a woman named Roosevelt," he continued. "Mrs. Claud Roosevelt. Do you know her? **Ich** met her somewhere last night. **Ich bin gewesen** drunk **für** about a week now, **und ich** thought it might sober me up to sit **in** a library."

"Has it?"

"A **kleines** bit, **ich** think. **Ich** can't tell yet. **Ich bin** only been here an hour. Did **ich** tell you about the books? They are real. They are —"

"You **erzähltest** us."

We shook hands with him gravely **und gingen** back outdoors.

There was dancing now on the canvas **in** the garden; old **Männer** pushing young girls backward **in** eternal graceless circles, superior couples holding **einander** tortuously, fashionably, **und** keeping **in** the corners — **und** a **große** number **von** **single** girls dancing individually **oder** relieving the orchestra **für** a moment **von** the burden **des** banjo **oder** the traps. **Um** midnight the hilarity had increased. A celebrated tenor had sung **auf** Italian, **und** a notorious contralto had sung **in** jazz, **und** between the numbers **Menschen** were doing "stunts" **überall** the garden, while happy, vacuous bursts **von** laughter rose toward the summer sky. A pair **von** stage twins, who turned out to be the girls **in** yellow, did a baby act **in** costume, **und** champagne was served **in** glasses bigger than finger-bowls. The moon had risen higher, **und** floating **in dem** Sound was a triangle **von** silver scales, trembling a **wenig zum** stiff, tinny drip **von** the banjoes on the lawn.

Ich was still with Jordan Baker. We were sitting at a **Tisch** with a man **von** about my age **und** a rowdy **kleinen** girl, who **gab** way upon the slightest provocation **zu** uncontrollable laughter. **Ich** was enjoying myself now. **Ich** had taken **zwei** finger-bowls **von** champagne, **und** the scene had changed before my eyes into something significant, elemental, **und** profound.

At a lull **in** the entertainment the man looked at me **und** smiled.

"Your face **ist** familiar," he **sagte** politely. "**Warst nicht** you **in der** First Division during the war?"

"Why yes. **Ich** was **in der** Twenty-eighth Infantry."

"**Ich** was **in der** Sixteenth until June nineteen-eighteen. **Ich** knew **ich** had seen you somewhere before."

We talked **für** a moment about some wet, grey **kleines** villages **in** France. Evidently he lived **in** this vicinity, **<u>denn</u>** he **<u>erzählte</u>** me **dass** he had just bought a hydroplane, **und** was going to try it out **in** the morning.

"Want to **gehen** with me, old sport? Just near the shore along the Sound."

"What time?"

"Any time **die** suits you best."

It was on the tip **von** my tongue to ask his **<u>Namen</u>** when Jordan looked around **und** smiled.

"Having a gay time now?" she inquired.

"Much better." **Ich** turned **wieder zu** my new acquaintance. "This **ist** an unusual party **für mich**. **Ich habe nicht** even seen the host. **Ich** live **<u>da drüben</u>** —" **Ich** waved my hand at the invisible hedge **in** the distance, "**und** this man Gatsby sent **<u>herüber</u>** his chauffeur with an invitation."

Für a moment he looked at me as **ob** he failed to understand.

"**Ich** am Gatsby," he **sagte** suddenly.

"What!" **Ich** exclaimed. "Oh, **ich** beg your pardon."

"**Ich** thought you knew, old sport. **Ich** am afraid **ich** am not a very good host."

He smiled understandingly — much **mehr** than understandingly. It was one **von diesen** rare smiles with a **<u>Qualität</u>** of eternal reassurance **in** it, **dass** you may come across four **oder** five times **im Leben**. It faced — **oder** seemed to face — the whole eternal **Welt für** an instant, **und dann** concentrated on you with an irresistible prejudice **in** your favour. It understood you just **so** far as you wanted to be understood, believed **in** you as you would **wollen** to believe **in** yourself, **und** assured you **das** it had precisely the impression **von dir die**, at your best, you hoped to convey. Precisely at **diesem** point it vanished — **und ich** was looking at an elegant young roughneck, a year **oder zwei über** thirty, whose elaborate formality **von** speech just missed **sein** absurd. **Irgendwann** before he introduced himself **ich** had got a strong impression **das** he was picking his words with care.

Almost at the moment **als** Mr. Gatsby identified himself a butler hurried toward him with the information **das** Chicago was calling him on the wire. He excused himself with a small bow **der** included each **von** us **in** turn.

"**Wenn** you want anything just ask **dafür**, old sport," he urged me. "Excuse me. **Ich werde** rejoin you **später**."

Als he was gone **ich** turned immediately **zu** Jordan — constrained to assure her **von** my surprise. **Ich** had expected **das** Mr. Gatsby would be a florid **und** corpulent **Person in** his **mittleren Jahren**.

"Who **ist** he?" **Ich** demanded. "Do you know?"

"He **ist** just a man named Gatsby."

"Where **ist** he from, **Ich** mean? **Und** what does he do?"

"Now you are **gestartet** on the subject," she answered with a wan smile. "Well, he **erzählte** me **einmal** he was an Oxford man."

A dim background **begann** to take shape behind him, **aber** at her next remark it faded away.

"However, **Ich** don't believe it."

"Why **nicht**?"

"**Ich** don't know," she insisted, "**ich** just don't think he **ging** there."

Something **in** her tone reminded me **an das anderen** girl's "**Ich** think he killed a man," **und** had the effect **von** stimulating my curiosity. **Ich** would have accepted without question the information **das** Gatsby sprang from the swamps **in** Louisiana **oder** from the lower East Side **von** New York. **Das** was comprehensible. **Aber** young **Männer** did **nicht** — at least **in** my provincial inexperience **ich** believed they did not — drift coolly out **von** nowhere **und** buy a palace on Long Island Sound.

"Anyhow, he gives large parties," **sagte** Jordan, changing the subject with an urban distaste **für** the concrete. "**Und ich mag** large parties. They are **so** **<u>intim</u>**. At small parties there isn't any privacy."

There was the boom **einer** bass drum, **und** the voice **des** orchestra leader rang out suddenly above the echolalia **des** garden.

"Ladies **und** gentlemen," he cried. "At the request **von** Mr. Gatsby we are going to play **für Sie** Mr. Vladmir Tostoff's latest work, which attracted **so viel** attention at Carnegie Hall last May. **Wenn** you read the papers you know there was a big sensation." He smiled with jovial condescension, **und** added: "**<u>Manche</u>** sensation!" Whereupon everybody laughed.

"The piece **ist** known," he concluded lustily, "as 'Vladmir Tostoff's Jazz History **der** World!' "

The nature **von** Mr. Tostoff's composition eluded me, **weil** **<u>einfach</u>** as it began my eyes fell on Gatsby, standing alone on the marble steps **und** looking from one group **zu** another with approving eyes. His tanned skin was drawn attractively tight on his face **und** his **<u>kurzes</u>** hair looked as though it **war** trimmed every day. **Ich** could see nothing sinister about him. **Ich** wondered **ob** the fact **dass** he was not drinking helped to set him off from his guests, **dafür** seemed **zu** me **das** he grew **<u>korrekter</u>** t as the fraternal hilarity increased. **Als** the "Jazz History **der** World" was **<u>vorüber</u>**, girls were putting their heads on men's shoulders **in** a puppyish, convivial way, girls were swooning backward playfully into men's arms, even into groups, knowing **dass** someone would arrest their falls — **aber** no one swooned backward on Gatsby, **und** no French bob touched Gatsby's shoulder, **und** no singing quartets **wurden** formed with Gatsby's head **<u>als</u>** one link.

"**Ich** beg your pardon."

Gatsby's butler was suddenly standing beside us.

"Miss Baker?" he inquired. "**Ich** beg your pardon, **aber** Mr. Gatsby **<u>würde gerne</u>** to speak **zu** you alone."

"With me?" she exclaimed **in** surprise.

"Yes, madame."

She got up slowly, raising her eyebrows at me **in** astonishment, **und** followed the butler toward the house. **Ich** noticed **dass** she wore her evening-dress, **<u>alle</u>** her dresses, **wie** sports clothes — there was a jauntiness about her movements as **wenn** she had first learned to walk upon golf courses on clean, crisp mornings.

Ich was alone **und** it was almost **Zwei**. **Für einige** time confused **und** intriguing sounds had issued from a long, many-windowed room which overhung the terrace. Eluding Jordan's undergraduate, who was now engaged **in** an obstetrical conversation with **zwei** chorus girls, **und** who implored me to join him, **ich ging** inside.

The large room was full **von Leuten**. One **von** the girls **in** yellow was playing the piano, **und** beside her stood a tall, red-haired young lady from a famous chorus, engaged **in** song. She had drunk a quantity **von** champagne, **und** during the course **von** her song she had decided, ineptly, **dass** everything was very, very sad — she was not only singing, she was weeping **auch**. **Wann immer** there was a pause **in** the song she filled it with gasping, broken sobs, **und dann** took up the lyric **wieder in** a quavering soprano. The tears coursed down her cheeks — **nicht** freely, however, **als** they **kamen** into contact with her heavily beaded eyelashes they assumed an inky colour, **und** pursued the rest **von** their way **in** slow black rivulets. A humorous suggestion was made **dass** she sing the notes on her face, whereupon she threw up her hands, sank into a chair, **und ging** off into a deep vinous sleep.

"She had a fight with a man who says he has her husband," explained a girl at my elbow.

Ich looked around. Most **der** remaining women were now having fights with **Männern** said to be their husbands. Even Jordan's party, the quartet from East Egg, were rent asunder **durch** dissension. One **der Männer** was talking with curious intensity **mit** a young actress, **und** his wife, after attempting to laugh at the situation **in** a **würdevollen** and indifferent way, broke down entirely **und** resorted to flank attacks — at intervals she appeared suddenly at his side **wie** an angry diamond, **und** hissed: "You promised!" into his ear.

The reluctance to **gehen** home was not confined **zu** wayward **Männern**. The hall was at present occupied **von zwei** deplorably sober **Männern** and their highly indignant wives. The wives were sympathizing with **miteinander in** slightly raised voices.

"**Wann immer** he sees **ich** am having a good time he wants to **gehen** home."

"Never heard anything **so** selfish **in** my **Leben**."

"We are always the first ones to leave."

"**Genauso** are we."

"Well, we are almost the last tonight," **sagte** one **der Männer** sheepishly. "The orchestra left half an hour ago."

Trotz der wives' agreement **das** such malevolence was beyond credibility, the dispute ended **in** a **kurzen** struggle, **und** both wives **wurden** lifted, kicking, into the night.

As **ich** waited **auf** my **Hut in** the hall the door **von** the library opened **und** Jordan Baker **und** Gatsby **kamen** out together. He was saying **einige** last word **zu** her, **aber** the eagerness **in** his manner tightened abruptly into formality as several **Leute** approached him to say goodbye.

Jordan's party were calling impatiently **zu** her from the porch, **aber** she lingered **für** a moment to shake hands.

"**Ich habe gerade** heard the most amazing thing," she whispered. "How long **waren** we **in** there?"

"Why, about an hour."

"It was … simply amazing," she repeated abstractedly. "**Aber ich** swore **ich** wouldn't tell it **und** here **ich** am tantalizing you." She yawned gracefully **in** my face. "Please come **und** see me … **Telefonbuch** … Under **dem Namen von** Mrs. Sigourney Howard … My aunt …" She was hurrying off as she talked — her brown hand waved a jaunty salute as she melted into her party at the door.

Eher ashamed **dass** on my first appearance **ich** had stayed **so** late, **ich** joined the last **von** Gatsby's guests, who **waren** clustered around him. **Ich** wanted to explain **das** I had hunted **für ihn** early **an** the evening **und** to apologize **dafür nicht** having known him **in** the garden.

"Don't mention it," he enjoined me eagerly. "Don't give it another thought, old sport." The familiar expression held **keine** familiarity than the hand which reassuringly brushed my shoulder. "**Und** don't forget we are going up **in** the hydroplane tomorrow morning, at nine **von** the clock."

Dann the butler, behind his shoulder:

"Philadelphia wants you on the phone, sir."

"**In Ordnung**, **in** a minute. Tell them **ich werde** be **genau** there … Good night."

"Good night."

"Good night." He smiled — **und** suddenly there seemed to be a pleasant significance **in** having been among the last to **gehen**, as **ob** he had desired it **ganze** the time. "Good night, old sport … Good night."

Aber as **ich ging** down the steps **ich sah dass** the evening was not quite **vorüber**. Fifty feet from the door a dozen headlights illuminated a bizarre **und** tumultuous scene. **In** the ditch beside the road, **rechte** side up, **aber** violently shorn **von** one wheel, rested a new coupé which had left Gatsby's drive **nicht zwei** minutes before. The sharp jut **von** a wall accounted **für** the detachment **von** the wheel, which was now getting considerable attention from half a dozen curious chauffeurs. However, as they had left their cars blocking the road, a harsh, discordant din from **jenen in** the rear had been audible **für einige** time, **und** added **zur** already violent confusion **der** scene.

A man **in einem** long duster had dismounted from the wreck **und** now stood **in der Mitte der** road, looking from the car **zu** the tyre **und** from the tyre **zu** the observers **in einem** pleasant, puzzled way.

"See!" he explained. "It **ging** in the ditch."

The fact was infinitely astonishing **für** him, **und ich** recognized first the unusual **Qualität von** wonder, **und dann** the man — it was the late patron **von** Gatsby's library.

"How did it happen?"

He shrugged his shoulders.

"**Ich** know nothing whatever about mechanics," he **sagte** decisively.

"**aber** how did it happen? Did you run into the wall?"

"Don't ask me," **sagte** Owl Eyes, washing his hands **von** whole matter. "**Ich** know very **wenig** about driving — **fast** nothing. It happened, **und das ist alles ich** know."

"Well, **wenn** you are a poor driver you ought not to try driving at night."

"**Aber ich** was not even trying," he explained indignantly, "**Ich** was not even trying."

An awed hush fell upon the bystanders.

"Do you want to commit suicide?"

"You are lucky it was **nur** a wheel! A bad driver **und nicht** even trying!"

"You don't understand," explained the criminal. "**Ich** was not driving. There **ist** another man **in** the car."

The shock **der** followed this declaration found voice **in einem** sustained "Ah-h-h!" as the door **von** the coupé swung slowly open. The crowd — it was now a crowd — stepped back involuntarily, **und als** the door had opened wide there was a ghostly pause. **Dann**, very gradually, part **nach** part, a pale, dangling individual stepped out **von** the wreck, pawing tentatively at the ground with a large uncertain dancing shoe.

Blinded **von** the glare **von** the headlights **und** confused **von dem** incessant groaning **von** the horns, the apparition stood swaying **für** a moment before he perceived the man **in** the duster.

"Wha's matter?" he inquired calmly. "Did we run outa gas?"

"Look!"

Half a dozen fingers pointed at the amputated wheel — he stared at it **für** a moment, **und dann** looked upward as though he suspected **das** it had dropped from the sky.

"It **ging** off," someone explained.

He nodded.

"At first **ich** din' notice we had stopped."

A pause. **Dann**, taking a long breath **und** straightening his shoulders, he remarked **in einem** determined voice:

"Wonder'ff tell me where there **ist** a gas'line station?"

At least a dozen **Männer**, **manche von ihnen** a **wenig** better off than he was, explained **zu** him **das** wheel **und** car **waren** no longer joined **von irgendeiner** physical **Verbindung**.

"Back out," he suggested after a moment. "Put her **in** reverse."

"**Aber** the wheel's off!"

Weeve Reading Tip: Translating words will make it more difficult to enter a flow state. This is where the natural process of language learning is most powerful. In this state your brain has the strongest ability to learn a language

He hesitated.

"No harm **im** trying," he **sagte**.

The caterwauling horns had reached a crescendo **und ich drehte mich** away **und** cut across the lawn toward home. **Ich** glanced back **einmal**. A wafer **von** a moon was shining **über** Gatsby's house, making the night fine as before, **und** surviving the laughter **und** the sound **von** his still glowing garden. A sudden emptiness seemed to flow now from the windows **und** the **großen** doors, endowing with complete isolation the figure **von** the host, who stood on the porch, his hand up **in einem** formal gesture **von** farewell.

***

Reading **über** what **ich** have written **bis** far, **ich** see **ich** have given the impression **dass** the events **von** three nights several weeks apart **waren** **all** **das** absorbed me. On the contrary, they **waren** merely casual events **in einem** crowded summer, **und**, until much **später**, they absorbed me infinitely less than my personal affairs.

Most **von** the time **ich** worked. **In den** early morning the sun threw my shadow westward as **ich** hurried down the white chasms **von** lower New York **zum** Probity Trust. **Ich** knew the **anderen** clerks **und** young **Anleihe**-salesmen **bei** their first names, **und** lunched with them **in** dark, crowded restaurants on **kleinen** pig sausages **und** mashed potatoes **und** coffee. **Ich** even had a **kurze** affair with a girl who lived **in** Jersey City **und** worked **in** the accounting department, **aber** her **Bruder** began throwing mean looks **in** my direction, **also als** she **ging** on her vacation **in** July **ich** let it blow quietly away.

Ich took dinner usually at the Yale Club — **aus dem Grund** it was the gloomiest event **meines** day — **und dann ich ging** upstairs **zu** the library **und** studied investments **und** securities **für eine** conscientious hour. There **waren** generally **ein paar** rioters around, **aber** they never **kamen** into the library, **also** it was a good place to work. **Danach, wenn** the night was mellow, **ich** strolled down Madison Avenue past the old Murray Hill Hotel, **und über** 33rd Street **zur** Pennsylvania Station.

Ich began to **mögen** New York, the racy, adventurous feel **davon** at night, **und** the satisfaction **das** the constant flicker **von Männern und** women **und** machines gives **zum** restless eye. **Ich** liked to walk up Fifth Avenue **und** pick out romantic women from the crowd **und** imagine **dass** in **ein paar** minutes **ich** was going to enter into their lives, **und** no one would **jemals** know **oder** disapprove. Sometimes, **in** my mind, **ich** followed them **zu** their apartments on the corners **von** hidden streets, **und** they **drehten sich** and smiled back at me before they faded through a door into warm darkness. At the enchanted metropolitan twilight **ich** felt a haunting loneliness sometimes, **und** felt it **in** others — poor young clerks who loitered **vor** windows waiting until it **war** time **für ein** solitary restaurant dinner — young clerks **in** the dusk, wasting the most poignant moments **von** night **und Leben**.

Wieder at eight **acht Uhr**, **als** the dark lanes **des** Forties **waren** lined five deep with throbbing taxicabs, bound **für** the theatre district, **ich** felt a sinking **in** my heart. Forms leaned together **in** the taxis as they waited, **und** voices sang, **und** there **war** laughter from unheard jokes, **und** lighted cigarettes **machten** unintelligible circles inside. Imagining **das** I, **auch**, was hurrying towards gaiety **und** sharing their **intime** excitement, **ich** wished them well.

Für a while **ich** lost sight **von** Jordan Baker, **und dann in** midsummer **ich** found her **wieder**. At first **ich war** flattered to **gehen** places with her, **weiln** she **war** a golf champion, **und** everyone knew her **Namen**. **Dann** it **war** something **mehr**. **Ich war nicht** actually **verliebt**, **aber ch** felt a sort **von** tender curiosity. The bored haughty face **das** she **drehte** to **der Welt** concealed something — most affectations conceal something eventually, even though they don't **am Anfang** — **und** one day **ich** found what it **war**. **Als** we **waren** on a house-party together up **in** Warwick, she left a borrowed car out **in** the rain with the top down, **und dann** lied **darüber** — **und** suddenly **ich** remembered the story **über sie die** had eluded me **jene** night at Daisy's. At her first big golf tournament there **war** a row **das** nearly reached the newspapers — a suggestion **die** she had moved her ball from a bad lie **in der** semifinal round. The thing approached the proportions **von** a scandal — **dann** died away. A caddy retracted his statement, **und** the only **andere** witness admitted **dass** he might **gewesen sein** mistaken. The incident **und der Name** had remained together **in** my mind.

Jordan Baker instinctively avoided clever, shrewd **Männer**, **und** now **ich sah dass** this **war weil** she felt safer on a plane where **beliebige** divergence from a code would be thought impossible. She **war** incurably dishonest. She **war nicht** able to endure **zu sein** at a disadvantage **und**, given this unwillingness, **ich** suppose she had begun dealing **in** subterfuges **als** she **war** very young **um** to keep **das** cool, insolent smile **gedreht** to **der Welt und** yet satisfy the demands **ihres** hard, jaunty body.

It **machte** no difference **für** me. Dishonesty **bei** a woman **ist** a thing you never blame deeply — **ich war** casually sorry, **und dann ich** forgot. It **war** on **der** same house-party **der** we had a curious conversation **über** driving a car. It **begann** because she passed **so** close **an einen** workmen **das** our fender flicked a button on **eines** man's coat.

"You are a rotten driver," **Ich** protested. "Either you ought to be **vorsichtiger**, **oder** you ought not to drive **überhaupt**."

"**Ich** am careful."

"No, you are not."

"Well, **andere Leute** are," she **sagte** lightly.

"What has **das** got to do with it?"

"They **werden** keep out **aus** my **Weg**," she insisted. "It takes **zwei** to make an accident."

"Suppose you met somebody **genauso** careless as yourself."

"**Ich** hope **ich** never **werde**," she answered. "**Ich** hate careless

Leute. **Das ist** why **ich mag** you."

Her grey, sun-strained eyes stared straight ahead, **aber** she had deliberately shifted our relations, **und für** a moment **ich** thought **ich** loved her. **Aber ich** am slow-thinking **und** full **von** interior rules **das** act as brakes on my desires, **und ich** knew **dass** first **ich** had to get myself definitely out **von dem** tangle back home. **Ich** had been writing letters **einmal** a week **und** signing them: "Love, Nick," **und alles ich** could think **<u>worüber</u> war** how, **als dieses** certain girl played tennis, a faint moustache **von** perspiration appeared on her upper lip. Nevertheless there **war** a vague understanding **das** had to be tactfully broken off before **ich war** free.

Everyone suspects himself **von** at least **einer der** cardinal virtues, **und** this **ist** mine: **Ich** am **einer der** few honest **Leute die** I have **jemals** known.

weeve

Chapter 3

German	Pronunciation	English
Flut	flu:t	high tide
seines	zaine:s	of his
wie	vi:ə	like
kleiner	klainɐ	little
aus	aus	of
Gold	gɔlt	gold
Um sieben Uhr	u:m si:bən u:ʀ	by seven of the clock
hohe	ho:ə	high
zurück	t͡su:ʀʏk	in/back
auf	auf	in
schneller	ʃnɛlɐ	more swiftly
stabiler	ʃtɑ:bi:lɐ	more stable
für sie	fy:ʀ si:ə	for her
Ich	i:x	i
Menschen	mənʃən	people
wurden	vʊʀdən	were
danach	dɑ:nɑ:x	after that
wenig	vəni:k	little
von Leuten	fo:n lo:y:tən	of people
oder	o:dɐ	or
rechten	ʀɛxtən	right

weeve

Chapter 3

German	Pronunciation	English
zwei	t͡svai	two
in solch	i:n sɔlx	in such
einzelner	aɪnt͡sɛlnɐ	single
auf mich	auf mi:x	of me
seit	zait	since
ich begann	i:x be:gan	i started
Männern	mæ:nəʀn	men
für dich	fy:ʀ di:x	for you
Ich würde gern	i:x ᴠʏʀde: gəʀn	i like to
habe	hɑ:bə	have
darin	dɑ:ʀɪ:n	in it
über	y:bɐ	over
jenen	jənən	those
Welt	vɛlt	world
serviert	ᴢəʀfɪʀt	being served
war	vɑ:ʀ	were
Person	pəʀso:n	person
würdevolle	ᴠʏʀde:fɔlə	dignified
nicht	nɪxt	not
mancher	manxɐ	some
der Kante	dəʀ kantə	the edge
Tatsache	tatsɑ:xə	matter of fact

weeve

Chapter 3

German	Pronunciation	English
als	als	for/as
das Buch	dɑ:s bu:x	the book
Die meisten Leute wurden mitgebracht	di: maɪstən lo:y:te: vʊʀdən mɪtgɛpʀaxt	most people were brought
Ich bin gewesen	i:x bi:n ge:ve:sən	i have been
kleines	klaine:s	little
erzähltest	əʀt͡sɛltɛst	told
einander	ainandɐ	each other
single	zɪŋklə	single
Um	u:m	by
überall	y:bəʀal	all over
denn	dənn	for
erzählte	əʀt͡sɛltə	told
Namen	nɑ:mən	name
da drüben	dɑ: tʀy:bən	over there
herüber	həʀy:bɐ	over
Qualität	kvɑ:li:tæ:t	quality
im Leben	i:m le:bən	in life
so	zo:	so
wollen	vɔlən	like
von dir	fo:n di:ʀ	of you
sein	zain	being

weeve

Chapter 3

German	Pronunciation	English
dafür	dɑ:fy:ʀ	for it
Jahren	jɑ:ʀən	years
gestartet	gɛstaʀte:t	started
begann	be:gan	started
aber	ɑ:bɐ	but
anderen	andəʀən	other
in	i:n	of
ich mag	i:x mɑ:k	i like
intim	ɪnti:m	intimate
Manche	manxə	some
einfach	aɪnfɑ:x	just
kurzes	kʊʀt͡se:s	short
korrekter	kɔʀɛktɐ	more correct
vorüber	fo:ʀy:bɐ	over
als	als	for
würde gerne	vʏʀde: gəʀnə	would like
alle	alə	all
würdevollen	vʏʀde:fɔlən	dignified
miteinander	mi:tainandɐ	each other
Genauso	gənauso:	so
Trotz	tʀo:t͡s	in spite
auf	auf	for/on

Chapter 3

German	Pronunciation	English
einige	aini:çə	some
Leute	lo:y:tə	people
gerade	gəʀɑ:də	just
Telefonbuch	te:le:fɔnbu:x	phone book
für ihn	fy:ʀ i:n	for him
an	ɑ:n	in
dafür	dɑ:fy:ʀ	for
keine	kainə	no more
genau	gənau	right
ganze	gant͡sə	all
ich sah	i:x sɑ:	i saw
rechte	ʀɛxtə	right
in einem	i:n aine:m	in a
in der Mitte	i:n dəʀ mɪtə	in the middle
für	fy:ʀ	to
fast	fast	next to
alles	ale:s	all
nur	nu:ʀ	just
nach	nɑ:x	by
ging	gɪŋk	came
von irgendeiner	fo:n ɪʀgəndainɐ	by any
Verbindung	fəʀbɪndʊŋk	bond

weeve

Chapter 3

German	Pronunciation	English
im	i:m	in
bis	bi:s	so
all	al	all
Anleihe	anlaiə	bond
Bruder	pʀu:dɐ	brother
also	also:	so
aus dem Grund	aus de:m kʀʊnt	for some reason
meines	maine:s	of my
für eine	fy:ʀ ainə	for a
ein paar	ain pɑ:ʀ	a few
mögen	mø:gən	like
jemals	je:mals	ever
drehten sich	tʀe:tən si:x	turned
war	vɑ:ʀ	was
acht Uhr	axt u:ʀ	eight of the clock
machten	maxtən	made
intime	ɪnti:mə	intimate
weiln	vaɪln	because
verliebt	fəʀlɪbt	in love
drehte	tʀe:tə	turned
am Anfang	ɑ:m anfaŋk	in the begining
darüber	dɑ:ʀy:bɐ	about it

Chapter 3

German	Pronunciation	English
jene	jənə	that
andere	andəʀə	other
der Name	dəʀ nɑːmə	the name
beliebige	beːliːbiːçə	any
gedreht	gɛtʀeːt	turned
machte	maxtə	made
bei	bai	in
über	yːbɐ	about
an einen	ɑːn ainən	to some
eines	aineːs	one
vorsichtiger	fɔʀsɪxtiːgɐ	more careful
überhaupt	yːbəʀhaʊpt	at all
Weg	veːk	way
worüber	voːʀʏːbɐ	of

4

Weeve Reading Tip: Trust the process - the less you worry about your speed of acquisition the quicker the passive language acquisition will occur. Get lost in the story and let the language learning take care of itself.

On Sunday morning while church bells rang **in** the villages alongshore, **die Welt und** its mistress returned **zu** Gatsby's house **und** twinkled hilariously on his lawn.

"He has a bootlegger," **sagte** the young ladies, moving somewhere between his cocktails **und** his flowers. "**Einmal** he killed a man who had found out **dass** he **war** nephew **von** Von Hindenburg **und** second cousin **von** the devil. Reach me a rose, honey, **und** pour me a last drop into **dieses** there crystal glass."

Einmal ich wrote down on the empty spaces **von** a timetable the names **von diesen** who **kamen** to Gatsby's house **diesen** summer. It **ist** an old timetable now, disintegrating at its folds, **und** headed "This schedule **in** effect July 5th, 1922." **Aber ich kann** still read the grey names, **und** they **werden** give you a better impression than my generalities **von diesen** who accepted Gatsby's hospitality **und** paid him the subtle tribute **von** knowing nothing whatever **über ihn**.

From East Egg, **dann**, **kamen** the Chester Beckers **und** the Leeches, **und** a man named Bunsen, whom **ich** knew at Yale, **und** Doctor Webster Civet, who **war** drowned last summer up **in** Maine. **Und** the Hornbeams **und** the Willie Voltaires, **und** a whole clan named Blackbuck, who **stets** gathered **in** a corner **und** flipped up their noses **wie** goats at whosoever **kam** near. **Und** the Ismays **und** the Chrysties (**oder eher** Hubert Auerbach

und Mr. Chrystie's wife), **und** Edgar Beaver, whose hair, they say, **wurde** cotton-white **eines** winter afternoon **aus** no good reason **überhaupt**.

Clarence Endive **war** from East Egg, as **ich** remember. He **kam** only **einmal**, **in** white knickerbockers, **und** **hatte** a fight with a bum named Etty **in** the garden. From farther out on the Island **kamen** the Cheadles **und** the O. R. P. Schraeders, **und** the Stonewall Jackson Abrams **aus** Georgia, **und** the Fishguards **und** the Ripley Snells. Snell **war** there **drei** days before he **ging** to the penitentiary, **so** drunk out on the gravel drive **das** Mrs. Ulysses Swett's automobile ran **über** his **rechte** hand. The Dancies **kamen**, **auch**, **und** S. B. Whitebait, who **war** well **über** sixty, **und** Maurice A. Flink, **und** the Hammerheads, **und** Beluga the tobacco importer, **und** Beluga's girls.

From West Egg **kamen** the Poles **und** the Mulreadys **und** Cecil Roebuck **und** Cecil Schoen **und** Gulick the State senator **und** Newton Orchid, who controlled Films Par Excellence, **und** Eckhaust **und** Clyde Cohen **und** Don S. Schwartz (the son) **und** Arthur Mccarty, **alle** connected with the movies **in** **eine Art** **oder** another. **Und** the Catlips **und** the Bembergs **und** G. Earl Muldoon, **Bruder** **dazu** Muldoon who afterward strangled his wife. Da Fontano the promoter **kam** there, **und** Ed Legros **und** James B. ("Rot-gut") Ferret **und** the De Jongs **und** Ernest Lilly — they **kam** to gamble, **und als** Ferret wandered into the garden it meant he **war** cleaned out **und** Associated Traction would **haben** to fluctuate profitably next day.

A man named Klipspringer **war** there **so** often **dass** he became known as "the boarder" — **Ich** doubt **ob** he **hätte** **irgendein anderes** home. **Von** theatrical **Menschen** there **waren** Gus Waize **und** Horace O'donavan **und** Lester Myer **und** George Duckweed **und** Francis Bull. Also from New York **waren** the Chromes **und** the Backhyssons **und** the Dennickers **und** Russel Betty **und** the Corrigans **und** the Kellehers **und** the Dewars **und** the Scullys **und** S. W. Belcher **und** the Smirkes **und** the young Quinns, divorced now, **und** Henry L. Palmetto, who killed himself **indem** jumping **in** front **von** a subway train **in** Times Square.

Benny Mcclenahan arrived **immer** with four girls. They **waren** never quite the same ones **als** physical **Person**, **aber** they **waren** **so** identical **ein** with another **dass** it inevitably seemed they **waren** there before. **Ich** have forgotten their names — Jaqueline, **ich** think, **oder** else Consuela, **oder** Gloria **oder** Judy **oder** June, **und** their last names **waren** either the melodious names **von** flowers **und** months **oder** the sterner ones **des großen** American capitalists whose cousins, **wenn** pressed, they would confess themselves to be.

In addition **zu** **all** these **ich** **kann** remember **das** Faustina

O'brien **kam** there at least **einmal und** the Baedeker girls **und** young Brewer, who **hatte** his nose shot off **in** the war, **und** Mr. Albrucksburger **und** Miss Haag, his fiancée, **und** Ardita Fitz-peters **und** Mr. P. Jewett, **einst** head **der** American Legion, **und** Miss Claudia Hip, with a man reputed to be her chauffeur, **und** a prince **von** something, whom we called Duke, **und** whose **Name**, **wenn ich jemals** knew it, **ich** have forgotten.

Alle these **Leute kamen** to Gatsby's house **in** the summer.

***

At **neun Uhr**, **eines** morning late **im** July, Gatsby's **herrliches** car lurched **hoch** the rocky drive **zu** my door **und gab** out a burst **von** melody from its **drei**-noted horn.

It **war** the first time he had called on me, though **ich** had gone **zu zwei von** his parties, mounted **in** his hydroplane, **und**, at his urgent invitation, **machte** frequent use **von** his beach.

"Good morning, old sport. You are having lunch with me **heute** and **ich dachte** we would ride **hoch zusammen**."

He was balancing himself on the dashboard **seines** car with **die** resourcefulness **von** movement **die ist so** peculiarly American — **die** comes, **ich** suppose, with the absence **von** lifting work **in** youth **und**, even **mehr**, with the formless grace **von** our nervous, sporadic games. This **Qualität** was continually breaking through his punctilious manner **in** the shape **von** restlessness. He **war** never quite still; there **war immer** a tapping foot somewhere **oder** the impatient opening **und** closing **von** a hand.

He **sah** me looking with admiration at his car.

"It has pretty, **ist es nicht**, old sport?" He jumped off to give me a better view. "**Hast du nicht jemals** seen it before?"

Ich had seen it. Everybody had seen it. It **war** a rich cream colour, bright with nickel, swollen here **und** there **in** its monstrous length with triumphant hatboxes **und** supper-boxes **und** toolboxes, **und** terraced with a labyrinth **von** windshields **die** mirrored a dozen suns. Sitting down behind many layers **von** glass **in** a sort **von** green leather conservatory, we **starteten** to **Stadt**.

Ich had talked with him perhaps half a dozen times **in dem** past month **und** found, **zu** my disappointment, **dass** he **hatte wenig** to **sagen**. **Deshalb** my first impression, **das** he **war eine Person von einigen** undefined consequence, had gradually faded **und** he had become simply the proprietor **von** an elaborate roadhouse next door.

und dann kam that disconcerting ride. We hadn't reached West Egg **Dorf** before Gatsby began leaving his elegant sentences unfinished **und** slapping himself indecisively on the knee **von** his caramel-coloured suit.

"Look here, old sport," he broke out surprisingly, "what **ist** your opinion **über mich**, anyhow?"

A **wenig** overwhelmed, **ich** began the generalized evasions which **diese** question deserves.

"Well, **ich** am going to tell you something **über** my **Leben**," he interrupted. "**Ich** don't want you to get a wrong idea **von mir** from **all** these stories you hear."

Also he **war** aware **der** bizarre accusations **dieser** flavoured conversation **in** his halls.

"**Ich werde** tell you God's truth." His **rechte** hand suddenly ordered divine retribution to **bereithalten**. "**Ich** am the son **einies** wealthy **Volkes in dem** Middle West — **alle** dead now. **Ich war großgezogen in** America **aber** educated at Oxford, **weil all** my ancestors have been educated there **seit** many **Jahren**. It **ist** a family tradition."

He looked at me sideways — **und ich** knew why Jordan Baker had believed he was lying. He hurried the phrase "educated at Oxford," **oder** swallowed it, **oder** choked on it, as though it had bothered him before. **Und** with this doubt, his whole statement **zerfiel**, **und ich** wondered **ob** there **war nicht** something a **wenig** sinister **um ihn**, **doch**.

"What part **des** Middle West?" **Ich** inquired casually.

"San Francisco."

"**Ich** see."

"My family **ganze** died **und ich kam** into a **viel** of money."

His voice **war** solemn, as **ob** the memory **von der** sudden extinction **von** a clan still haunted him. **Für** a moment **ich** suspected **das** he was pulling my leg, **aber** a glance at him convinced me otherwise.

"**Danach** I lived **wie** a young rajah **in all** the capitals **von** Europe — Paris, Venice, Rome — collecting jewels, chiefly rubies, hunting big game, painting a **wenig**, things **für** myself only, **und** trying to forget something very sad **das** had happened **mit** me long ago."

With an effort **ich** managed to restrain my incredulous laughter. The very phrases **waren** worn **so** threadbare **das** they evoked no image except **das** of a turbaned "character" leaking sawdust at every pore as he pursued a tiger through the Bois de Boulogne.

“**Dann kam** the war, old sport. It **war** a **große** relief, **und ich** tried very hard to die, **aber ich** seemed to bear an enchanted **Leben**. **Ich** accepted a commission as first lieutenant **als** it began. **In dem** Argonne Forest **ich** took the remains **von** my machine-gun battalion **so** far forward **das** there **war** a half mile gap on either side **von** us where the infantry couldn’t advance. We stayed there **zwei Tage** and **zwei** nights, a hundred **und** thirty **Männer** with sixteen Lewis guns, **und als** the infantry **kam** up at last they found the insignia **von drei** German divisions among the piles **von** dead. **Ich war** promoted to be a major, **und** every Allied government **gab** me a decoration — even Montenegro, **klein** Montenegro down on the Adriatic Sea!”

Klein Montenegro! He lifted **hoch** the words **und** nodded at them — with his smile. The smile comprehended Montenegro’s troubled history **und** sympathized with the brave struggles **der** Montenegrin **Leute**. It appreciated fully the chain **von** national circumstances which had elicited this tribute from Montenegro’s warm **kleines** heart. My incredulity **war** submerged **in** fascination now; it **war wie** skimming hastily through a dozen magazines.

He reached **in** his pocket, **und** a piece **von** metal, slung on a ribbon, fell into my palm.

“**Das ist** the **eine** from Montenegro.”

Zu my astonishment, the thing **hatte** an authentic look. “Orderi di Danilo,” ran the circular legend, “Montenegro, Nicolas Rex.”

“Turn it.”

“Major Jay Gatsby,” **Ich** read, “**Für** Valour **Außergewöhnlich**.”

“Here’s another thing **ich immer** carry. A souvenir **von** Oxford **Tagen**. It **war** taken **im** Trinity Quad — the man on my left **ist** now the Earl **von** Doncaster.”

It **war** a photograph **von** half a dozen young **Männer** in blazers loafing **in** an archway through which **waren** visible a host **von** spires. There **war** Gatsby, looking a **wenig**, **nicht** much, younger — with a cricket bat **in** his hand.

Dann it **war alles** true. **Ich sah** the skins **von** tigers flaming **in** his palace on the Grand Canal; **ich sah** him opening a chest **voll** rubies to ease, with their crimson-lighted depths, the gnawings **von** his broken heart.

“**Ich** am going to make a big request **von dich heute**,” he **sagte**, pocketing his souvenirs with satisfaction, “**so ich dachte** you ought to know something **über mich**. **Ich** did not want you to think **ich war einfach irgendein** nobody. You see, **ich** usually find myself among strangers **weil ich** drift **hier und** there trying to forget the sad things **die** happened **zu** me.” He hesitated. “You

wist hear **darüber** this afternoon."

"At lunch?"

"No, this afternoon. **Ich** happened to find out **dass** you are taking Miss Baker **zum** tea."

"Do you mean you are **in** love with Miss Baker?"

"No, old sport, **ich** am not. **Aber** Miss Baker has kindly consented to speak **mit** you **über** this matter."

Ich hatte nicht **nicht** the faintest idea what "this matter" was, **aber ich war** **genervter** **als** interested. **Ich hatte nicht gefragt** **fragte** Jordan **zum** tea **um** to discuss Mr. Jay Gatsby. **Ich war** sure the request would be something utterly fantastic, **und für** a moment **ich war** sorry **ich** would **jemals** set foot upon his overpopulated lawn.

He wouldn't **sagen** another word. His correctness grew on him as we neared **die Stadt**. We passed Port Roosevelt, where there **war** a glimpse **von** red-belted oceangoing ships, **und** sped along a cobbled slum lined with the dark, undeserted saloons **der** faded-gilt nineteen-hundreds. **Dann** the valley **aus** ashes opened out on both sides **von** us, **und ich hatte** a glimpse **von** Mrs. Wilson straining at the garage pump with panting vitality as we **fuhren** by.

With fenders spread **wie** wings we scattered light through half Astoria — only half, **weil** as we twisted among the pillars **von** the elevated **ich** heard the familiar "jug-jug-spat!" **eines** motorcycle, **und** a frantic policeman rode alongside.

"**In Ordnung**, old sport," called Gatsby. We slowed down. Taking a white card from his wallet, he waved it before the man's eyes.

"**Recht** you are," agreed the policeman, tipping his cap. "Know you next time, Mr. Gatsby. Excuse me!"

"What **war das**?" **Ich** inquired. "The picture **von** Oxford?"

"**Ich war** able to do the commissioner a favour **einst**, **und** he sends me a Christmas card every year."

Über der großen bridge, with the sunlight through the girders making a constant flicker upon thc moving cars, with **der Stadt** rising **hoch** across the river **in** white heaps **und** sugar lumps **alles** built with a wish out **von** nonolfactory money. **Die Stadt** seen from the Queensboro Bridge **ist stets die Stadt** seen **zum** first time, **in** its first **wilden** promise **von allen** the mystery **und** the beauty **auf der Welt**.

A dead man passed us **in** a hearse heaped with blooms, followed

von zwei carriages with drawn blinds, **und von mehr** cheerful carriages **von** friends. The friends looked out at us with the tragic eyes **und kurzen** upper lips **von** southeastern Europe, **und ich war** glad **dass** the sight **von** Gatsby's splendid car **war** included **in** their sombre holiday. As we crossed Blackwell's Island a limousine passed us, driven **von einem** white chauffeur, **in** which sat **drei** modish negroes, **zwei** bucks **und** a girl. **Ich** laughed aloud as the yolks **ihrer** eyeballs rolled toward us **in** haughty rivalry.

"Anything **kann** happen **jetzt** that we have slid **über** this bridge," **ich dachte**; "anything **überhaupt** ..."

Even Gatsby could happen, without **irgendein** particular wonder.

Weeve Reading Tip: Returning to your weeve after a break can be difficult. Try flipping back to the last vocabulary table, refresh yourself with the words in the story and continue reading.

Roaring noon. **In einem** well-fanned Forty-second Street cellar **ich** met Gatsby **zum** lunch. Blinking away the brightness **der** street outside, my eyes picked him out obscurely **in** the anteroom, talking **mit** another man.

"Mr. Carraway, **dies** is my friend Mr. Wolfshiem."

A small, flat-nosed Jew raised his large head **und** regarded me with **zwei** fine growths **von** hair which luxuriated **in** either nostril. After a moment **ich** discovered his tiny eyes **in dem** half-darkness.

"— **Also ich** took **einen** look at him," **sagte** Mr. Wolfshiem, shaking my hand earnestly, "**und** what do you think **ich** did?"

"What?" **Ich** inquired politely.

Aber evidently he was not addressing me, **denn** he dropped my hand **und** covered Gatsby with his expressive nose.

"**Ich** handed the money **zu** Katspaugh **und ich sagte**: '**In Ordnung**, Katspaugh, don't pay him a penny **bis** he shuts his mouth.' He shut it **sofort**."

Gatsby took an arm **von** each **von** us **und** moved forward into the restaurant, whereupon Mr. Wolfshiem swallowed a new sentence he was starting **und** lapsed into a somnambulatory abstraction.

"Highballs?" **fragte** the head waiter.

"**Das ist** a nice restaurant **hier**," **sagte** Mr. Wolfshiem, looking at the presbyterian nymphs on the ceiling. "**Aber ich mag** across the street better!"

"Yes, highballs," agreed Gatsby, **und dann zu** Mr. Wolfshiem: "It **ist auch** hot **dort** there."

"Hot **und** small — yes," **sagte** Mr. Wolfshiem, "**aber** full **von** memories."

"What place **ist das**?" **Fragte ich.**

"The old Metropole."

"The old Metropole," brooded Mr. Wolfshiem gloomily. "Filled with faces dead **und** gone. Filled with friends gone **jetzt** forever. **Ich** can't forget **so** long as **ich** live the night they shot Rosy Rosenthal there. It **war** six **von** us at **dem Tisch**, **und** Rosy had eat **und** drunk a lot **den ganzen** evening. **Als** it **war** almost morning the waiter **kam** up **zu** him with a funny look **und** says somebody wants to speak **zu** him outside. '**In Ordnung**,' says Rosy, **und** begins **aufzustehen**, **und ich** pulled him down **in** his chair.

"'Let the bastards come **herein wenn** they want you, Rosy, **aber** don't you, **dann** help me, move outside this room.'

"It **war** four **von** the clock **an** the morning **dann**, **und wenn** we **würden** raised the blinds we **hätten** seen daylight."

"Did he **gegangen**?" **Ich fragte** innocently.

"Sure he **ging**." Mr. Wolfshiem's nose flashed at me indignantly. "He **drehte sich** around **in** the door **und** says: 'Don't let **den** waiter take away my coffee!' **Dann** he **ging** out on the sidewalk, **und** they shot him **drei** times **in** his full belly **und** drove away."

"Four **von ihnen wurden** electrocuted," **ich sagte**, remembering.

"Five, with Becker." His nostrils **drehten sich** to me **in** an interested **Art**. "**Ich** understand you are looking **nach** a business gonnegtion."

The juxtaposition **von** these **zwei** remarks **war** startling. Gatsby answered **für mich**:

"Oh, no," he exclaimed, "**dies** isn't the man."

"No?" Mr. Wolfshiem seemed disappointed.

"**Das ist einfach** a friend. **Ich sagte** you we would talk **darüber** some **andere** time."

"**Ich** beg your pardon," **sagte** Mr. Wolfshiem, "**ich hatte** a wrong man."

A succulent hash arrived, **und** Mr. Wolfshiem, forgetting the **sentimentalere** atmosphere **der** old Metropole, began to eat with ferocious delicacy. His eyes, meanwhile, roved very slowly **ganzen** around the room — he completed the arc **indem** turning to inspect **die Leute** directly behind. **Ich** think **das**, except for my presence, he would have taken **einen kurzen** glance beneath our own **Tisch**.

"Look **hier**, old sport," **sagte** Gatsby, leaning toward me, "**Ich** am afraid **ich machte** you a **wenig** angry **heute Morgen in** the car."

There **war** the smile **wieder**, **aber** this time **ich** held out against it.

"**Ich** don't **mag** mysteries," **Ich** answered, "**und ich** don't understand why you won't come out frankly **und** tell me what you want. Why has it **alles** got to come through Miss Baker?"

"Oh, it **ist** nothing underhand," he assured me. "Miss Baker's a **tolle** sportswoman, you know, **und** she would never do anything **das war nicht in Ordnung**."

Suddenly he looked at his watch, jumped **hoch**, **und** hurried from the room, leaving me with Mr. Wolfshiem at **dem Tisch**.

"He has to telephone," **sagte** Mr. Wolfshiem, following him with his eyes. "Fine fellow, **ist er nicht**? Handsome to look at **und** a perfect gentleman."

"Yes."

"He **ist** an Oggsford man."

"Oh!"

"He **ging** to Oggsford College **in** England. You know Oggsford College?"

"**Ich** have heard **davon**."

"It **ist eines der** most famous colleges **in der Welt**."

"Have you known Gatsby **für eine** long time?" **Ich** inquired.

"Several **Jahre**," he answered **auf eine** gratified **Art**. "**Ich machte** the pleasure **von** his acquaintance **gerade** after the war. **Aber ich** knew **ich** had discovered a man **von** fine breeding after **ich** talked with him an hour. **Ich sagte zu** myself: 'There has the kind **von** man you had **gern** to take home **und** introduce **zu** your mother **und** sister.' " He paused. "**Ich** see you are looking at my cuff buttons."

Ich war nicht been looking at them, **aber ich** did **jetzt**. They **waren** composed **von** oddly familiar pieces **von** ivory.

"Finest specimens **von** human molars," he informed me.

"Well!" **Ich** inspected them. "**Das ist** a very interesting idea."

"Yeah." He flipped his sleeves **hoch** under his coat. "Yeah, Gatsby's very careful **mit** women. He would never **so sehr** as look at a friend's wife."

Als the subject **von diesem** instinctive trust returned **an den Tisch und** sat down Mr. Wolfshiem drank his coffee with a jerk **und** got **zu** his feet.

"**Ich** have enjoyed my lunch," he **sagte**, "**und ich** am going to run off from you **zwei** young **Männern** before **ich** outstay my welcome."

"Don't hurry Meyer," **sagte** Gatsby, without enthusiasm. Mr. Wolfshiem raised his hand **in** a sort **von** benediction.

"You are very polite, **aber ich** belong **zu** another generation," he announced solemnly. "You sit **hier und** discuss your sports **und** your young ladies **und** your —" He supplied an imaginary noun with another wave **seiner** hand. "As **für mich**, **ich** am **fünfzig** years old, **und ich** won't impose myself on you **noch** longer."

As he shook hands **und drehte sich** away his tragic nose was trembling. **Ich** wondered **ob ich hatte gesagt** anything to offend him.

"He becomes very sentimental sometimes," explained Gatsby. "**Das ist einer von** his sentimental **Tagen**. He **ist** quite a character around New York — a denizen **vom** Broadway."

"Who **ist** he, anyhow, an actor?"

"No."

"A dentist?"

"Meyer Wolfshiem? No, he **ist** a gambler." Gatsby hesitated, **dann** added, coolly: "He has the man who fixed the World's Series back **in** 1919."

"Fixed the World's Series?" **Ich** repeated.

The idea staggered me. **Ich** remembered, **natürlich**, **diese** the World's Series had been fixed **in** 1919, **aber wenn ich hatte gedacht daran überhaupt ich** would **haben gedacht daran** as **ein Ding das** merely happened, **das Ende von irgendeines** inevitable chain. It never occurred **zu** me **das** one man could start to play with the faith **von fünfzig** million **Leuten** — with the **Unbeirrbarkeit von** a burglar blowing a safe.

"How did he happen to do **das**?" **Ich fragte** after a minute.

"He **einfach gesehen** the opportunity."

"Why isn't he **im** jail?"

"They can't get him, old sport. He **ist** a smart man."

Ich insisted **darauf** paying the check. As the waiter brought my change **ich** caught sight **von** Tom Buchanan across the crowded room.

"Come along with me **für** a minute," **ich sagte**; "**Ich** have got to **sagen** hello **zu** someone."

Als he **sah** us Tom jumped **hoch und** took half a dozen steps **in** our direction.

"Where have you been?" he demanded eagerly. "Daisy's furious **weil** you haven't **angerufen**."

"**Das ist** Mr. Gatsby, Mr. Buchanan."

They shook hands briefly, **und** a strained, unfamiliar look **von** embarrassment **kam** over Gatsby's face.

"How've you been, anyhow?" demanded Tom **von mir**. "How did you happen to come **hoch so** far to eat?"

"**Ich habe** been having lunch with Mr. Gatsby."

Ich drehte mich toward Mr. Gatsby, **aber** he **war** no longer there.

***

Eines October **Tages** in nineteen-seventeen —

(**Sagte** Jordan Baker **diesem** afternoon, sitting **auf** very straight **auf einen** straight chair **in** the tea-garden at the Plaza Hotel)

— **Ich** was walking along from **einem** place **zu** another, half **auf** the sidewalks **und** half **auf dem Rasen**. **Ich war** happier **auf dem Rasen weil ich hatte an** shoes from England with rubber knobs **an** the soles **die** bit into the soft ground. **Ich hatte an einen** new plaid skirt also **der** blew a **wenig in** the wind, **und wann immer dies** happened the red, white, **und** blue banners **vor von all** the houses stretched out stiff **und sagten** tut-tut-tut-tut, **auf eine** disapproving **Art**.

The largest **von** the banners **und** the largest **<u>von den Rasenflächen</u>** belonged **zu** Daisy Fay's house. She **war gerade** eighteen, **zwei Jahre** older **als** me, **und bei** far the most popular **von all** the young girls **in** Louisville. She dressed **in** white, **und hatte** a **kleinen** white roadster, **und ganzen <u>Tag</u>** long the telephone rang **in** her house **und** excited young officers from Camp Taylor demanded the privilege **<u>um</u>** monopolizing her **diese** night. "Anyways, **für** an hour!"

Als ich kam opposite her house **diesen Morgen** her white roadster **war** beside the kerb, **und** she was sitting **darin** with a lieutenant **ich hatte** never seen before. They **waren so** engrossed **<u>ineinander</u> das** she did not see me until **ich war** five feet away.

"Hello, Jordan," she called unexpectedly. "Please come **<u>her</u>**."

Ich war flattered **dass** she wanted to speak **mit** me, **weil von all** the older girls **ich** admired her most. She **fragte** me **ob ich** was going **zum** Red Cross to make bandages. **Ich ging.** Well, **dann**, would **ich** tell them **das** she couldn't come **an diesem Tag**? The officer looked at Daisy while she was speaking, **in einer Art in jener** every young girl wants to be looked at sometime, **und weil** it seemed romantic **zu** me **ich** have remembered the incident **<u>seitdem</u>**. His **Name war** Jay Gatsby, **und ich** did not lay eyes **an** him **wieder für über** four **Jahre** — even after **ich** had met him **<u>in</u>** Long Island **ich** did not realize it **war** the same man.

Das war nineteen-seventeen. **Bis zum** next year **ich hatte ein paar** beaux myself, **und ich** began to play **bei** tournaments, **deshalb ich** did not see Daisy very often. She **ging** with a slightly older crowd — **wenn** she **ging** with anyone **überhaupt**. **<u>Wilde</u>** rumours were circulating **über sie** — how her mother had found her packing her bag **<u>einer</u>** winter night to **gehen nach** New York **und sagen** goodbye **zu** a soldier who was going overseas. She **war** effectually prevented, **aber** she **war** not on speaking **<u>miteinander reden</u>** with her family **für** several weeks. **Danach** she did not play around with the soldiers **nicht mehr**, **aber** only with **ein paar** flat-footed, shortsighted young **Männern** in **Stadt**, who couldn't get into the army **überhaupt**.

Bis zum next autumn she **war** gay **wieder**, gay as **<u>immer</u>**. She **hatte** a début after the armistice, **und im** February she **war** presumably engaged **mit** a man from New Orleans. **Im** June she married Tom Buchanan **aus** Chicago, with **mehr** pomp **und** circumstance **als** Louisville **jemals** knew before. He **kam** down with a hundred **Menschen in** four private cars, **und** hired a whole floor **des** Muhlbach Hotel, **und den Tag** before the wedding he **gab** her a string **von** pearls valued at **drei** hundred **und fünfzig** thousand dollars.

Ich war a bridesmaid. **Ich kam** into her room half an hour before the bridal dinner, **und** found her lying **auf** her **<u>Bett</u>** as lovely as the June night **in** her flowered dress — **und** as drunk as a monkey. She **hatte** a bottle **von** Sauterne **in einer** hand **und** a letter **in der anderen**.

"' Gratulate me," she muttered. "Never **hatte** a drink before, **aber** oh how **ich** do enjoy it."

"What **ist** the matter, Daisy?"

Ich war scared, **ich kann** tell you; **ich hatte** never seen a girl **so** before.

"**Hier**, dearies." She groped around **in** a wastebasket she **hatte** with her **auf dem Bett und** pulled out the string **von** pearls. "Take'em downstairs **und** give'em back **zu** whoever they belong **zu**. Tell'em **allen** Daisy's change' her mine. **Sag**: 'Daisy's change' her mine!' "

She began to cry — she cried **und** cried. **Ich** rushed out **und** found her mother's maid, **und** we locked the door **und** got her into a cold bath. She wouldn't **loslassen von** the letter. She took it into the tub with her **und** squeezed it **zusammen in einen** wet ball, **und** only let me leave it **in** the soap-dish **als** she **sah** that it was coming **zu** pieces **wie** snow.

Aber she did not say another word. We **gaben** her spirits **von** ammonia **und** put ice **auf** her forehead **und** hooked her back into her dress, **und** half an hour **später**, **als** we **gingen** out **aus** the room, the pearls **waren** around her neck **und** the incident **war vorüber**. Next **Tag** at five **von** the clock she married Tom Buchanan without **so viel** as a shiver, **und begann auf einen drei** months' trip **zur** South Seas.

Ich sah them **in** Santa Barbara **als** they **kamen** back, **und ich dachte ich hatte** never seen a girl **so** mad **nach** her husband. **Wenn** he left the room **für** a minute she would look around uneasily, **und sagen**: "Where **ist** Tom gone?" **und** wear the most abstracted expression until she **sah** him coming **in** the door. She used to sit **auf** the sand with his head **in** her lap **für** the hour, rubbing her fingers **über** his eyes **und** looking at him with unfathomable delight. It was touching to see them **zusammen** — it **machte** you laugh **in einer** hushed, fascinated **Art**. **Das war im August.** A week after **ich** left Santa Barbara Tom ran into a wagon **auf der** Ventura **Straße** one night, **und** ripped a front wheel off his car. The girl who **war** with him got into the papers, **auch**, **weil** her arm **war** broken — she **war eines von** the chambermaids **in dem** Santa Barbara Hotel.

The next April Daisy **hatte** her **kleines** girl, **und** they **gingen** to France **für** a year. **Ich sah** them **einen Frühling in** Cannes, **und später in** Deauville, **und dann** they **kamen** back **nach** Chicago to settle down. Daisy **war** popular **in** Chicago, as you know. They moved with a fast crowd, **alle von ihnen** young **und** rich **und** **wild**, **aber** she **kam** out with an absolutely perfect reputation. Perhaps **weil** she doesn't drink. It **ist** a **großer** advantage **nicht** to drink among hard-drinking **Menschen**. You **kannst** hold your tongue **und**, moreover, you **kannst** time **beliebig kleine** irregularity **von** your own **so das** everybody else **ist so** blind **das** they don't see **oder** care. Perhaps Daisy never **ging** in **für** amour **überhaupt** — **und** yet there **ist** something **in dieser** voice **von** hers …

Well, **etwa** six weeks ago, she heard **den Namen** Gatsby **für** **das** first time **in Jahren**. It **war als ich fragte** you — do you remember? — **Ob** you knew Gatsby **in** West Egg. After you had gone home she **kam** into my room **und** woke me **auf**, **und** **sagte**: "What Gatsby?" **und als ich** described him — **ich war** half asleep — she **sagte** in the strangest voice **dass** it **muss** be the man she used to know. It **war nicht** until **dann das** I connected this Gatsby with the officer **in** her white car.

***

Als Jordan Baker had finished telling **all dies** we had left the Plaza **für** half an hour **und** were driving **in** a victoria through Central Park. The sun had gone down behind the tall apartments **der** movie stars **in den** West Fifties, **und** the clear voices **von** children, already gathered **wie** crickets **auf** the grass, rose through the hot twilight:

"**Ich** am the Sheik **von** Araby. Your love belongs **zu** me. At night **wenn** you **bist** asleep Into your tent **ich werde** creep —"

"It **war** a strange coincidence," **sagte ich**.

"**Aber** it **war nicht** a coincidence **überhaupt**."

"Why **nicht**?"

"Gatsby bought **das** house **so das** Daisy would be **gerade** across the bay."

Denn it **nicht gewesen** merely the stars to which he had aspired **in dieser** June night. He **kam** alive **zu** me, delivered suddenly from the womb **von** his purposeless splendour.

"He wants to know," continued Jordan, "**ob** you **wirst** invite Daisy **zu** your house **eines** afternoon **und dann** let him come **vorbei**."

The modesty **der** demand shook me. He had waited five **Jahre** and bought a mansion where he dispensed starlight **an** casual moths — **so dass** he could "come **vorbei**" **eines** afternoon **zu** a stranger's garden.

"Did **ich hätte** to know **all das** before he could ask **eine solch** a

kleine Sache?"

"He **ist** afraid, he has waited **so** long. He **dachte** you might be offended. You see, he **ist** regular tough underneath **allem**."

Something worried me.

"Why did not he ask you to arrange a meeting?"

"He wants her to see his house," she explained. "**Und** your house **ist genau** next door."

"Oh!"

"**Ich** think he half expected her to wander into **eine von** his parties, **eines** night," **fuhr** on Jordan, "**aber** she never did. **Dann** he began asking **Menschen** casually **ob** they knew her, **und ich war** the **Erste** he found. It **war die** night he sent **für mich** at his dance, **und** you should have heard the elaborate **Art** he worked **hoch zu** it. **Natürlich**, **ich** immediately suggested a luncheon **in** New York — **und ich dachte** he **war** mad:

"'**Ich** don't want to do anything out **des Weges**!' he kept saying. '**Ich** want to see her **genau** next door.'

"**Als ich sagte** you **wärest** a particular friend **von** Tom's, he **begann** to abandon the whole idea. He doesn't know very much **über** Tom, though he says he **ist** read a Chicago paper **jahrelang einfach auf** the chance **darauf** catching a glimpse **auf** Daisy's **Namen**."

It **war** dark **jetzt**, **und** as we dipped under a **kleine** bridge **ich** put my arm around Jordan's golden shoulder **und** drew her toward me **und fragte** her **zum** dinner. Suddenly **ich** was not thinking **über** Daisy **und** Gatsby **nicht mehr**, **aber von dieser** clean, hard, limited **Person**, who dealt **mit** universal scepticism, **und** who leaned back jauntily **einfach** within the circle **von** my arm. A phrase began to beat **in** my ears with a sort **von** heady excitement: "There **sind** only the pursued, the pursuing, the busy, **und** the tired."

"**und** Daisy ought to **haben** something **in** her **Leben**," murmured Jordan **zu** me.

"Does she want to see Gatsby?"

"She **ist** not to know **darüber**. Gatsby doesn't want her to know. You **bist einfach** supposed to invite her **zum** tea."

We passed a barrier **von** dark **Bäumen**, **und dann** the façade **von** **Fünfzig**-ninth Street, a block **von** delicate pale light, beamed down into the park. Unlike Gatsby **und** Tom Buchanan, **ich hatte** no girl whose disembodied face floated along the dark cornices **und** blinding signs, **und so ich** drew **hoch** the girl beside me, tightening my arms. Her wan, scornful mouth smiled, **und deshalb ich** drew her **hoch wieder** closer, this time **zu** my face.

weeve

Chapter 4

German	Pronunciation	English
von	fo:n	to
stets	ʃtɛts	always
wurde	vʊʀdə	turned
aus	aus	for
hatte	hatə	had
drei	tʀai	three
eine Art	aine: aʀt	one way
dazu	dɑ:t͡su:	to that
hätte	hæ:tə	had
irgendein	ɪʀgəndain	any
anderes	andəʀe:s	other
indem	ɪnde:m	by
immer	ɪmɐ	always
als	als	in
ein	ain	one
einst	aɪnst	once
Name	nɑ:mə	name
herrliches	həʀʀli:xe:s	gorgeous
hoch	ho:x	up
heute	ho:y:tə	today
ich dachte	i:x daxtə	i thought
zusammen	t͡su:samən	together

weeve

Chapter 4

German	Pronunciation	English
sah	zɑː	saw
Hast du nicht	hast duː nɪxt	haven't you
Stadt	ʃtat	town
sagen	zɑːgən	say
Deshalb	deːshalp	so
von einigen	foːn ainiːçən	of some
Dorf	dɔʀf	village
bereithalten	bəʀaitaltən	stand by
einies	ainiːs	of some
Volkes	fɔlkeːs	people
großgezogen	kʀɔsgeːt͡soːgən	brought up
seit	zait	for
zerfiel	t͡səʀfiːl	fell to pieces
doch	doːx	after all
klein	klain	little
eine	ainə	one
Außergewöhnlich	ausəʀgeːvœnliːx	extraordinary
voll	fɔl	of
irgendein	ɪʀgəndain	some
hier	hiːʀ	here
wist	vɪst	will
nicht	nɪxt	n't

weeve

Chapter 4

German	Pronunciation	English
genervter	gənəʀftɐ	more annoyed
als	als	than
fragte	fʀaktə	asked
fuhren	fuːʀən	went
wilden	vɪldən	wild
von allen	foːn alən	of all
von	foːn	for
ihrer	iːʀɐ	of their
jetzt	jɛt͡st	now
zum	t͡suːm	for
dies	diːs	this
einen	ainən	one
bis	biːs	till
dort	dɔʀt	over
Fragte ich	fʀakteː iːx	i asked
den ganzen	dən gant͡sən	all
aufzustehen	aʊft͡sʊsteːən	to get up
herein	həʀain	in here
dann	dan	so
würden	vʏʀdən	would of
hätten	hæːtən	had of
gegangen	geːgɑːŋən	go

Chapter 4

German	Pronunciation	English
den	dən	that
Art	aʀt	way
sentimentalere	zənti:məntɑ:ləʀə	more sentimental
ganzen	gant͡sən	all
heute Morgen	ho:y:te: mɔʀgən	this morning
mag	mɑ:k	like
tolle	tɔlə	great
gern	gəʀn	like
mit	mi:t	about
so sehr	zo: se:ʀ	so much
fünfzig	fʏnf͡tsi:k	fifty
noch	no:x	any
ich hatte gesagt	i:x hate: ge:sagt	i had said
vom	fo:m	of
ich hatte gedacht	i:x hate: ge:daxt	i had thought
daran	dɑ:ʀɑ:n	of it
ein Ding	ain dɪŋk	a thing
von irgendeines	fo:n ɪʀgəndaine:s	of some
Leuten	lo:y:tən	people
Unbeirrbarkeit	ʊnbaɪʀbaʀkait	single-mindedness
gesehen	ge:se:ən	saw
darauf	dɑ:ʀauf	on

Chapter 4

German	Pronunciation	English
angerufen	ɑ:ŋəʀu:fən	called up
so	zo:	this
Tages	tɑ:ge:s	day
auf	auf	up
einem	aine:m	one
auf	auf	on
auf dem Rasen	auf de:m ʀɑ:sən	on the lawns
an	ɑ:n	on
sagten	zaktən	said
von den Rasenflächen	fo:n dən ʀɑ:sənflæ:xən	of the lawns
Tag	tɑ:k	day
um	u:m	of
ineinander	i:nainandɐ	in each other
her	hɐ	here
seitdem	zaɪtde:m	ever since
in	i:n	on
Wilde	vɪldə	wild
einer	ainɐ	one
miteinander reden	mi:tainandəʀ ʀe:dən	speaking terms
immer	ɪmɐ	ever
Bett	bɛt	bed

weeve

Chapter 4

German	Pronunciation	English
allen	alən	all
Sag	zɑ:k	say
loslassen	lɔslasən	let go
zusammen	t͡su:samən	up
gaben	gɑ:bən	gave
gingen	gi:ŋən	walked
nach	nɑ:x	about
für	fy:ʀ	by
Straße	ʃtʀɑ:sə	road
einen Frühling	ainən fʀy:lɪŋk	one spring
wild	vɪlt	wild
großer	kʀo:sɐ	great
kannst	kanst	can
beliebig	be:li:bi:k	any
etwa	ɛtvɑ:	about
muss	mʊs	must
bist	bɪst	are
Denn	dənn	then
vorbei	fɔʀbai	over
an	ɑ:n	to
hätte	hæ:tə	have
das	dɑ:s	this

Chapter 4

German	Pronunciation	English
kleine Sache	klaine: sɑ:xə	little thing
dachte	daxtə	thought
allem	ale:m	it all
fuhr	fu:ʀ	went
Erste	əʀstə	first one
des Weges	de:s ve:ge:s	of the way
wärest	væ:ʀɛst	were
darauf	dɑ:ʀauf	of
auf	auf	of
über	y:bɐ	of
mit	mi:t	in
sind	zɪnt	are
Bäumen	bo:y:mən	trees

5

Weeve Reading Tip: Read to the end of chapters. This way when you pick your book back up you can refresh your memory of the latest words that were introduced and you can continue on with your story.

Als ich kam home **zu** West Egg **diese** night **ich war** afraid **für** a moment **dass** my house **war brannte**. **Zwei Uhr und** the whole corner **der** peninsula was blazing with light, which fell unreal **an** the shrubbery **und gemacht** thin elongating glints upon the roadside wires. Turning a corner, **ich sah dass** it **war** Gatsby's house, lit from tower **zu** cellar.

Am first **ich dachte** it **war** another party, a **wilde** rout **die** had resolved itself into "hide-**und-gehen**-seek" **oder** "sardines-**in**-the-box" with **ganzen** the house thrown open **für** the game. **Aber** there **war nicht** a sound. Only wind **in den Bäumen**, which blew the wires **und machte** the lights **gehen** off **und an wieder** as **wenn** the house had winked into the darkness. As my taxi groaned away **ich sah** Gatsby walking toward me across his lawn.

"Your place looks **wie** the World's Fair," **sagte ich**.

"Does it?" He **drehte** his eyes toward it absently. "**Ich habe** been glancing into **manche der** rooms. Let us **gehen zu** Coney Island, old sport. **In** my car."

"It has **auch** late."

"Well, suppose we take a plunge **in** the swimming pool? **Ich habe ihn den ganzen Sommer nicht genutzt."**

“**Ich** have got to **gehen** **ins Bett**.”

“ **Gut**.”

He waited, looking **zu** me with suppressed eagerness.

“**Ich** talked with Miss Baker,” **sagte ich** after a moment. “**Ich** am going to **anrufen** Daisy tomorrow **und** invite her **herüber hier zum** tea.”

“Oh, **das ist in Ordnung**,” he **sagte** carelessly. “**Ich** don’t want to put you **zu irgendwelchen** trouble.”

“What **Tag** would suit you?”

“What **Tag** would suit you?” he corrected me quickly. “**Ich** don’t want to put you **zu irgendwelchen** trouble, you see.”

“How about **Übermorgen**?”

He considered **für** a moment. **Dann**, with reluctance: “**Ich** want to get the grass cut,” he **sagte**.

We both looked down **auf** the grass — there **war** a sharp **Linie** where my ragged lawn ended **und** the darker, well-kept expanse **von** his began. **Ich** suspected **das** he meant my grass.

“There **ist** another **kleine Sache**,” he **sagte** uncertainly, **und** hesitated.

“Would you **eher** put it off **für ein paar Tage**?” **Fragte ich.**

“Oh, it isn’t **darüber**. **Wenigstens** —” He fumbled with **einr Reihe von** beginnings. “Why, **dachte ich** — why, look **hier**, old sport, you don’t make much money, do you?”

“**Nicht** very much.”

Dies seemed to reassure him **und** he continued **selbstbewusster**.

“**Ich dachte** you did **nicht**, **wenn** you **wirst** pardon my — you see, **ich** carry on **ein** **kleines Geschäft** **auf** the side, a sort **von** side **Linie**, you understand. **Und ich dachte dass** if you don’t make very much — You are selling bonds, **tust du nicht**, old sport?”

“Trying to.”

“Well, **dies** would interest you. It wouldn’t take **einnehmen** much **von** your time **und** you might pick **auf** a nice bit **von** money. It happens to be a **eher** confidential **Sache**.”

Ich realize **jetzt dass** under different circumstances **diese** conversation might **wäre gewesen eine der** crises **meines Leben**. **Aber**, **weil** the offer **war** obviously **und** tactlessly **für** a service to be rendered, **ich hatte** no choice except to cut him off there.

“**Ich** have got my hands full,” **ich sagte**. “**Ich** am much obliged **aber ich** couldn’t take **auf mehr** work.”

“You wouldn’t **haben** to do **irgendwelche Geschäfte** with Wolfshiem.” Evidently he **dachte das** I was shying away from the “gonnegtion” mentioned **beim** lunch, **aber ich** assured him he **war** wrong. He waited a moment longer, hoping **ich** would begin a conversation, **aber ich war zu** absorbed to be responsive, **deshalb** he **ging** unwillingly home.

The evening **machte** me lightheaded **und** happy; **Ich** think **ich ging** into a deep sleep as **ich** entered my front door. **Deshalb ich** don’t know whether **oder nicht** Gatsby **ging** to Coney Island, **oder für** how many hours he “glanced into rooms” while his house blazed gaudily **an**. **Ich rief an** Daisy from **dem Büro** next **Morgen**, **und** invited her to come **zum** tea.

“Don’t bring Tom,” **Ich** warned her.

“What?”

“Don’t bring Tom.”

“Who **ist** ‘Tom’?” she **fragte** innocently.

Der Tag agreed upon was pouring rain. **Um elf Uhr** a man **in** a raincoat, dragging a lawn-mower, tapped **an** my front door **und sagte** that Mr. Gatsby had sent him **herüber** to cut my grass. **Dies** reminded me **dass** I had forgotten to tell my Finn to come back, **deshalb ich** drove into West Egg Village to search **nach ihr** among soggy whitewashed alleys **und** to buy **einige** cups **und** lemons **und** flowers.

The flowers **waren** unnecessary, **denn um zwei Uhr** a greenhouse arrived from Gatsby’s, with innumerable receptacles to contain it. An hour **später** the front door opened nervously, **und** Gatsby **in einem** white flannel suit, silver shirt, **und gold**-coloured tie, hurried **herein**. He **war** pale, **und** there **waren** dark signs **von** sleeplessness beneath his eyes.

“Is everything **in Ordnung**” he **fragte** immediately.

“The grass looks fine, **wenn das ist** what you mean.”

“What grass?” he inquired blankly. “Oh, the grass **in** the yard.” He looked out the window **auf** it, **aber**, judging from his expression, **ich** don’t believe he **sah** a **Sache**.

“Looks very good,” he remarked vaguely. “**Eins von** the papers **sagte** they **dachten** the rain would stop **etwa** four. **Ich** think it **war** The Journal. Have you got everything you need **in** the shape **von — von** tea?”

Ich took him into the pantry, where he looked **ein bisschen** reproachfully **zu der** Finn. **Zusammen** we scrutinized the twelve lemon cakes from the delicatessen shop.

"**Werden** they do?" **Fragte ich.**

"**Natürlich, natürlich!** They **sind** fine!" **und** he added hollowly, "… old sport."

The rain cooled **etwa** half-past **drei zu einem** damp mist, through which occasional thin drops swam **wie** dew. Gatsby looked with vacant eyes through a copy **von** Clay's Economics, starting **bei der** Finnish tread **die** shook the kitchen floor, **und** peering towards the bleared windows from time **zu** time as **ob eine Reihe von** invisible **aber** alarming happenings were taking place outside. **Endlich** he **stand auf und** informed me, **in einer** uncertain voice, **das** he was going home.

"Why **ist** that?"

"Nobody's coming **zum** tea. It **ist zu** late!" He looked **auf** his watch as **ob** there **war manch** pressing demand **an** his time elsewhere. "**Ich** can't wait **den ganzen Tag**."

"Don't be silly; it **ist gerade zwei** minutes **zu** four."

He sat down miserably, as **ob ich** had pushed him, **und** simultaneously there **war** the sound **von** a motor turning into my lane. We both jumped **hoch**, **und**, a **bisschen** harrowed myself, **ich ging** out into the yard.

Under the dripping bare lilac-**Bäumen** a large open car was coming **hoch** the drive. It stopped. Daisy's face, tipped sideways beneath a **drei**-cornered lavender **Hut**, looked out **zu** me with a bright ecstatic smile.

"Is **dies** absolutely where you live, **mein Liebster**?"

The exhilarating ripple **ihrer** voice **war** a **wilder** tonic **in** the rain. **Ich musste** follow the sound **davon für** a moment, **hoch und** down, with my ear alone, before **irgendwelche** words **kamen** through. A damp streak **von** hair lay **wie** a dash **von** blue paint across her cheek, **und** her hand **war** wet with glistening drops as **ich** took it to help her from the car.

"Are you **in** love with me," she **sagte** low **in** my ear, "**oder** why **sollen** I **haben** come alone?"

"**Das ist das Geheimnis von** Castle Rackrent. Tell your chauffeur to **gehen** far away **und** spend an hour."

"Come back **in** an hour, Ferdie." **Dann in einem ernsten** murmur: "His **Name ist** Ferdie."

"Does the gasoline affect his nose?"

"**Ich** don't think **das**," she **sagte** innocently. "Why?"

We **gingen** in. **Zu** my overwhelming surprise the living-room **war** deserted.

"Well, **das ist** funny," **Ich** exclaimed.

"What has funny?"

She **drehte** her head as there **war** a light **würdevoll** knocking **an die** front door. **Ich ging** out **und** opened it. Gatsby, pale as death, with his hands plunged **wie** weights **in** his coat pockets, was standing **in** a puddle **von** water glaring tragically into my eyes.

With his hands still **in** his coat pockets he stalked **neben** me into the hall, **drehte** sharply as **ob** he **war auf** a wire, **und** disappeared into the living-room. It **war kein** a bit funny. Aware **des** loud beating **von** my own heart **ich** pulled the door to against the increasing rain.

Für half a minute there **war nicht** a sound. **Dann** from the living-room **ich** heard a sort **von** choking murmur **und** part **von** a laugh, followed **von** Daisy's voice **auf einer** clear artificial note:

"**Ich** certainly am awfully glad to see you **wieder**."

A pause; it endured horribly. **Ich hatte** nothing to do **in** the hall, **deshalb ich ging** into the room.

Gatsby, his hands **noch immer** in his pockets, was reclining against the mantelpiece **in einem** strained counterfeit **von** perfect ease, even **von** boredom. His head leaned back **so** far **dass** it rested against the face **von a** defunct mantelpiece clock, **und** from this position his distraught eyes stared down **auf** Daisy, who was sitting, frightened **aber** graceful, **auf der Kante eines** stiff chair.

"We have met before," muttered Gatsby. His eyes glanced momentarily **zu** me, **und** his lips parted with an abortive attempt **zu** a laugh. Luckily the clock took this moment to tilt dangerously **wegen** the pressure **seines** head, whereupon he **drehte sich** and caught it with trembling fingers, **und** set it back **an** place. **Dann** he sat down, rigidly, his elbow **auf** the arm **von** the sofa **und** his chin **in** his hand.

"**Ich** am sorry **wegen** the clock," he **sagte**.

My own face had **jetzt** assumed a deep tropical burn. **Ich** couldn't **aufbringen** a **einzigen** commonplace out **den** thousand **in** my head.

"It **ist** an old clock," **ich sagte** them idiotically.

Ich think we **alle** believed **für** a moment **dass** it had smashed **in** pieces **auf** the floor.

"We haven't met **in** many **Jahren**," **sagte** Daisy, her voice as **Angelegenheit-von**-fact as it could **jemals** be.

"Five **Jahre** next November."

The automatic **Qualität von** Gatsby's answer set us **alle** back **um wenigstens** another minute. **Ich hatte** them both **auf** their feet with the desperate suggestion **das** they help me make tea **in** the kitchen **als** the demoniac Finn brought it **in auf** a tray.

Amid the welcome confusion **von** cups **und** cakes a certain physical decency established itself. Gatsby got himself into a shadow **und**, while Daisy **und ich** talked, looked conscientiously from **einem zum anderen von** us with tense, unhappy eyes. However, as calmness **war nicht ein Ende in** itself, **ich machte** an excuse **in dem** first possible moment, **und** got **zu** my feet.

"Where are you going?" demanded Gatsby **in** immediate alarm.

"**Ich werde** be back."

"**Ich** have got to speak **zu** you **über** something before you **gehst**."

He followed me wildly into the kitchen, closed the door, **und** whispered: "Oh, God!" **auf erbärmliche Weise.**

" Was ist los?"

"**Das ist** a terrible mistake," he **sagte**, shaking his head from side **zu** side, "a terrible, terrible mistake."

"You **bist einfach** embarrassed, **das ist alles**," **und** luckily **ich** added: "Daisy's embarrassed **auch**."

"She has embarrassed?" he repeated incredulously.

"**Genauso viel** as you **bist**."

"Don't talk **so** loud."

"You are acting **wie** a **kleiner** boy," **ich** broke out impatiently. "**Nicht** only **das**, **aber** you **bist** rude. Daisy's sitting **dort** there **ganz** alone."

He raised his hand to stop my words, looked **an** me with unforgettable reproach, **und**, opening the door cautiously, **ging** back into the **anderen** room.

Ich ging out the back **Weg** — **gerade als** Gatsby **hatte als** he **hatte gemacht** his nervous circuit **in dem Haus** half an hour before — **und** ran **zu einem** huge black knotted tree, whose massed leaves **machten** a fabric against the rain. **Einmal mehr**

it was pouring, **und** my irregular lawn, **<u>gut</u>**-shaved **von** Gatsby's gardener, abounded **in** small muddy swamps **und** prehistoric marshes. There **war** nothing to **<u>anzusehen</u>** from under the tree except Gatsby's enormous **<u>Haus</u>**, **deshalb ich** stared **auf** it, **wie** Kant **auf** his church steeple, **für** half an hour. A brewer had built it early **in der** "period" craze, a decade before, **und** there **war** a story **das** he had agreed to pay five **Jahre**' taxes **auf alle** the neighbouring cottages **wenn** the owners would **haben** their roofs thatched with straw. Perhaps their refusal took the heart out **von** his plan to **<u>gründen</u>** a Family — he **ging** into an immediate decline. His children sold his **Haus** with the black wreath **immer noch an** the door. Americans, while willing, even eager, to be serfs, have **stets** been obstinate **<u>darüber</u> sein** peasantry.

After half an hour, the sun shone **wieder**, **und** the grocer's automobile rounded Gatsby's drive with the raw material **für** his servants' dinner — **ich** felt sure he wouldn't eat a spoonful. A maid began opening the upper windows **von** his **Haus**, appeared momentarily **in** each, **und**, leaning from the large central bay, spat meditatively into the garden. It **war** time **ich ging** back. While the rain continued it had seemed **wie** the murmur **von** their voices, rising **und** swelling a **ein bisschen jetzt und dann** with gusts **von** emotion. **Aber in der** new silence **ich** felt **diese** silence had fallen within **das Haus auch**.

Ich ging hinein — after making every possible noise **in** the kitchen, **<u>außer</u> von <u>umwerfen</u>** the stove — **aber ich** don't believe they heard a sound. They were sitting **an** either **Ende der** couch, looking **zu einander** as **ob <u>eine</u>** question had **wurde gefragt**, **oder war in** the air, **und** every vestige **von** embarrassment **war** gone. Daisy's face **war** smeared with tears, **und als ich kam herein** she jumped **hoch und** began wiping **daran** with her handkerchief before a mirror. **Aber** there **war** a change **in** Gatsby **dies war** simply confounding. He literally glowed; without a word **oder** a gesture **von** exultation a new **<u>Wohl</u>**-**<u>befinden</u>** radiated from him **und** filled the **kleinen** room.

"Oh, hello, old sport," he **sagte**, as **ob** he hadn't seen me **jahrelang**. **Ich dachte für** a moment he was going to shake hands.

"It has stopped raining."

"Has it?" **Als** he realized what **ich** was talking **<u>worüber</u>**, **dass** there **waren** twinkle-bells **von** sunshine **in** the room, he smiled **wie <u>ein Wetter</u>** man, **wie** an ecstatic patron **von** recurrent light, **und** repeated the news **zu** Daisy. "What do you think **darüber**? It **<u>hat</u>** stopped raining."

"**Ich** am glad, Jay." Her throat, full **von** aching, grieving beauty, **erzählte** only **von ihrer** unexpected joy.

“**Ich** want you **und** Daisy to come **vorbei zu** my **Haus**,” he **sagte**, “**Ich** would **gern** to show her around.”

“You **bist** sure you want me to come?”

“Absolutely, old sport.”

Daisy **ging** upstairs to wash her face — **zu** late **ich dachte** with humiliation **an** my towels — while Gatsby **und ich** waited **auf** the lawn.

“My **Haus** looks **gut**, doesn’t it?” he demanded. “See how the whole front **davon** catches the light.”

Ich agreed **dass** it **war** splendid.

“Yes.” His eyes **gingen** over it, every arched door **und** square tower. “It took me **gerade drei Jahre** to earn the money **<u>welches</u>** bought it.”

“**Ich dachte** you inherited your money.”

“**<u>Ich tat</u>**, old sport,” he **sagte** automatically, “**aber ich** lost most **davon in der** big panic — the panic **des** war.”

Ich think he hardly knew what he was saying, **denn als ich fragte** him what **<u>Geschäft</u>** he **war in** he answered: “**Das ist** my affair,” before he realized **dass** it **war nicht** an appropriate reply.

“Oh, **ich bin gewesen in** several things,” he corrected himself. “**Ich war in** the drug **Geschäft und dann ich war in** the oil **Geschäft**. **Aber ich** am not **in** either **<u>davon</u> jetzt**.” He looked **<u>zu</u>** me with **mehr** attention. “Do you mean you have been thinking **<u>darüber</u>** what **ich** proposed the **anderen** night?”

Before **ich** could answer, Daisy **kam** out **dem Haus und zwei** rows **von** brass buttons **an** her dress gleamed **in** the sunlight.

“**Dieser** huge place there?” she cried pointing.

“Do you **<u>magst</u>** it?”

“**Ich** love it, **aber ich** don’t see how you live there **ganz** alone.”

“**Ich** keep it **immer** full **von** interesting **Leuten**, night **und Tag**. **Menschen** who do interesting things. Celebrated **Menschen**.”

Instead **von** taking the shortcut along the Sound we **gingen** down **zu der Straße und** entered **bei den** big postern. With enchanting murmurs Daisy admired this aspect **oder <u>jenen</u> der** feudal silhouette against the sky, admired the gardens, the sparkling odour **von** jonquils **und** the frothy odour **von** hawthorn **und** plum blossoms **und** the pale **Gold** odour **von** kiss-me-**beim**-the-gate. It **war** strange to reach the marble steps **und** find no stir **von** bright dresses **in und <u>außerhalb</u>** the door, **und** hear no sound

außer bird voices **in den Bäumen**.

Und inside, **als** we wandered through Marie Antoinette music-rooms **und** Restoration Salons, **ich** felt **dass** there **waren** guests concealed behind every couch **und Tisch**, **unter** orders to be breathlessly silent **bis** we had passed through. **Als** Gatsby closed the door **von** "the Merton College Library" **ich** could have sworn **ich** heard the owl-eyed man break into ghostly laughter.

We **gingen** upstairs, through period bedrooms swathed **in** rose **und** lavender silk **und** vivid with new flowers, through dressing-rooms **und** poolrooms, **und** bathrooms with sunken baths — intruding into **eine** chamber where a dishevelled man **in** pyjamas was doing liver exercises **auf** the floor. It **war** Mr. Klipspringer, the "boarder." **Ich** had seen him wandering hungrily **über** the beach **diesen Morgen**. **Endlich** we **kamen** to Gatsby's own apartment, a bedroom **und** a bath, **und** an Adam's study, where we sat down **und** drank a glass **von einem** Chartreuse he took from a cupboard **in** the wall.

He **hatte nicht einmal** ceased looking **zu** Daisy, **und ich** think he revalued everything **in** his **Haus** according **zu** the measure **von** response it drew from her **viel**-loved eyes. Sometimes **auch**, he stared around **auf** his possessions **in einer** dazed **Art**, **als** though **in** her actual **und** astounding presence none **davon war viel** longer real. **Einmal** he nearly toppled down a flight **von** stairs.

His bedroom **war** the simplest room **von allen** — except where the dresser **war** garnished with a toilet set **von** pure dull **Gold**. Daisy took the brush with delight, **und** smoothed her hair, whereupon Gatsby sat down **und** shaded his eyes **und** began to laugh.

"It **ist** the funniest **Sache**, old sport," he **sagte** hilariously. "**Ich** can't — **Wenn ich** try to —"

He had passed visibly through **zwei** states **und** was entering upon a third. After his embarrassment **und** his unreasoning joy he **war** consumed with wonder **von** her presence. He **war gewesen** full **von** the idea **so** long, dreamed it **ganz** through **bis zum Ende**, waited with his teeth set, **so** to speak, **an einem** inconceivable pitch **von** intensity. **Jetzt**, **in** the reaction, he was running down **wie** an **über**-wound clock.

Recovering himself **in** a minute he opened **für** us **zwei** hulking patent cabinets which held his massed suits **und** dressing-gowns **und** ties, **und** his shirts, piled **wie** bricks **in** stacks a dozen **hoch**.

"**Ich** have got a man **in** England who buys me clothes. He sends **herüber** a selection **von** things **an** the beginning **von** each **Saison**, **Frühling und** fall."

He took **heraus** a pile **von** shirts **und** began throwing them, **eins**

nach dem anderen, before us, shirts **von** sheer linen **und** thick silk **und** fine flannel, which lost their folds **wie** they fell **und** covered **den Tisch in** many-coloured disarray. While we admired he brought **mehr und** the soft rich heap mounted higher — shirts with stripes **und** scrolls **und** plaids **in** coral **und** apple-green **und** lavender **und** faint orange, with monograms **von** indian blue. Suddenly, with a strained sound, Daisy bent her head into the shirts **und** began to cry stormily.

"They **sind solch** beautiful shirts," she sobbed, her voice muffled **in die** thick folds. "It makes me sad **weil ich habe** never seen **solch** — **solch** beautiful shirts before."

***

After **dem Haus**, we **waren** to see the grounds **und** the swimming pool, **und** the hydroplane, **und** the midsummer flowers — **Aber** outside Gatsby's window it began to rain **wieder**, **also** we stood **in** a row looking **auf die** corrugated surface **des** Sound.

"**Wenn** it **gäbe nicht** for the mist we could see your home across the bay," **sagte** Gatsby. "You **immer hast** a green light **das** burns **ganze** night **am Ende von** your dock."

Daisy put her arm through his abruptly, **aber** he seemed absorbed **in** what he had **gerade gesagt**. Possibly it had occurred **zu** him **dass** the colossal significance **von diesem** light had **jetzt** vanished forever. Compared **zu der großen** distance **die** had separated him from Daisy it had seemed very near **zu** her, almost touching her. It had seemed **so** close **wie** a star **zu** the moon. **Jetzt** it **war wieder** a green light **an** a dock. His count **von** enchanted objects had diminished **um eins**.

Ich began to walk **durch** the room, examining **verschiedene** indefinite objects **in dem** half darkness. A large photograph **eines** elderly man **in** yachting costume attracted me, hung **an** the wall **über** his desk.

"Who **ist das**?"

"**Das? Das ist** Mr. Dan Cody, old sport."

Der Name sounded faintly familiar.

"He **ist** dead **nun**. He used to be my best friend **Jahre** ago."

There **war** a small picture **von** Gatsby, **auch** in yachting costume, **auf** the bureau — Gatsby with his head thrown back defiantly — taken apparently **als** he **war etwa** eighteen.

"**Ich** adore it," exclaimed Daisy. "The pompadour! You **nie** told me you **hattest** a pompadour — **oder** a yacht."

"Look **auf dieses**," **sagte** Gatsby quickly. "Here's a lot **von** clippings — **über dich**."

They stood side **bei** side examining it. **Ich** was going to ask to see the rubies **als** the phone rang, **und** Gatsby took **hoch** the receiver.

"Yes … **Gut**, **ich** can't talk **jetzt** … **Ich** can't talk **jetzt**, old sport … **Ich sagte** a small **Stadt** … He **muss** know what a small **Stadt ist** … **Gut**, he **ist** no use **zu** us **wenn** Detroit **ist** his idea **von einer** small **Stadt** …"

He rang off.

"Come **her** **schnell**!" cried Daisy **beim** the window.

The rain was **noch** falling, **aber** the darkness had parted **in** the west, **und** there **war** a pink **und** golden billow **von** foamy clouds above the sea.

"Look **darauf**," she whispered, **und dann** after a moment: "**ich würde gern** to **einfach** get **eine von diesen** pink clouds **und** put you **in** it **und** push you around."

Ich tried to **gehen dann**, **aber** they wouldn't hear **davon**; perhaps my presence **machte** them feel **mehr** satisfactorily alone.

"**Ich** know what we **werden** do," **sagte** Gatsby, "we **werden lassen** Klipspringer play the piano."

He **ging** out **aus** the room calling "Ewing!" **und** returned **in wenigen** minutes accompanied **von einem** embarrassed, slightly worn **jungen** man, with shell-rimmed glasses **und** scanty blond hair. He **war jetzt** decently clothed **in einem** "sport shirt," open **an** the neck, sneakers, **und** duck trousers **von a** nebulous hue.

"**Hat** we interrupt your exercise?" inquired Daisy politely.

"**Ich war** asleep," cried Mr. Klipspringer, **in** a spasm **von** embarrassment. "**Das** is, **ich war gewesen** asleep. **Dann bin ich aufgestanden …"**

"Klipspringer plays the piano," **sagte** Gatsby, cutting him off. "Don't you, Ewing, old sport?"

"**Ich** don't play **gut**. **Ich** don't — hardly play **überhaupt**. **Ich** am **ganz aus der** prac —"

"We **werden gehen** downstairs," interrupted Gatsby. He flipped a switch. The grey windows disappeared **als das Haus** glowed full **von** light.

In the music-room Gatsby **drehte** on a solitary lamp beside the piano. He lit Daisy's cigarette from a trembling match, **und** sat down with her **auf** a couch far across the room, where there **war**

no light save what the gleaming floor bounced **herein** from the hall.

Als Klipspringer had played "The Love Nest" he **drehte** around **auf** the bench **und** searched unhappily **nach** Gatsby **in** the gloom.

"**Ich** am **ganz aus der** practice, you see. **Ich sagte** you **ich** couldn't play. **Ich** am **ganz aus der** prac —"

"Don't talk **so viel**, old sport," commanded Gatsby. "Play!"

"**Am Morgen**, **an** the evening, Ain't we got fun —"

Outside the wind **war** loud **und** there **war** a faint flow **von** thunder along the Sound. **All** the lights were going **an in** West Egg **jetzt**; the electric trains, **Männer**-carrying, were plunging home through the rain from New York. It **war** the hour **von einem** profound human change, **und** excitement was generating **in** the air.

"**Eine** thing's sure **und** nothing's surer The rich get richer **und** the poor get — children. **In** the meantime, **In** between time —"

Als ich ging herüber to **sagen** goodbye **ich sah das** the expression **von** bewilderment **gekommen war** back into Gatsby's face, **als** though a faint doubt had occurred **zu** him **wie zur Qualität von** his present happiness. Almost five **Jahre**! There **muss gewesen sein** moments even **diesen** afternoon **als** Daisy tumbled **kurz von** his **Träumen** — **nicht** through her own fault, **aber weil der** colossal vitality **von** his illusion. It had gone beyond her, beyond everything. He had thrown himself into it with a creative passion, adding **zu** it **all** the time, decking it **aus** with every bright feather **die** drifted his **Weg**. No amount **von** fire **oder** freshness **kann** challenge what a man **kann** store **hoch in** his ghostly heart.

Da ich watched him he adjusted himself a **bisschen**, visibly. His hand took hold **von** hers, **und als** she **sagte** something low **in** his ear he **drehte sich** toward her with a rush **von** emotion. **Ich** think **die** voice held him most, with its fluctuating, feverish warmth, **weil** it couldn't be **über**-dreamed — **die** voice **war** a deathless song.

They had forgotten me, **aber** Daisy glanced **hoch und** held **aus** her hand; Gatsby **hat** not know me **jetzt überhaupt**. **Ich** looked **einmal mehr zu** them **und** they looked back **zu** me, remotely, possessed **von** intense **Leben**. **Dann ich ging aus von** the room **und** down the marble steps into the rain, leaving them there **zusammen**.

Chapter 5

German	Pronunciation	English
brannte	pʀantə	on fire
gemacht	ge:maxt	made
Am	ɑ:m	at
ins Bett	ɪns bɛt	to bed
Gut	gu:t	all right
zu	t͡su:	at
anrufen	anʀu:fən	call up
zu irgendwelchen	t͡su: ɪʀgəntvɛlxən	to any
Übermorgen	y:bəʀmɔʀgən	the day after tomorrow
auf	auf	at
Wenigstens	vənɪçstəns	at least
einr Reihe	aɪnʀ ʀaiə	a series
selbstbewusster	zɛlbstbe:vʊstɐ	more confidently
ein	ain	a
kleines Geschäft	klaine:s ge:ʃæ:ft	little business
einnehmen	aɪne:mən	take up
irgendwelche	ɪʀgəntvɛlxə	any
Geschäfte	ge:ʃæ:ftə	business
beim	baim	at
rief an	ʀi:f ɑ:n	called up
dem Büro	de:m by:ʀo:	the office

weeve

Chapter 5

German	Pronunciation	English
Morgen	mɔʀgən	morning
an	ɑːn	at
um	uːm	at
herein	həʀain	in
Sache	zɑːxə	thing
Eins	aɪns	one
dachten	daxtən	thought
ein bisschen	ain bɪsxən	a little
Endlich	əntliːx	finally
stand auf	ʃtand auf	got up
ist	ɪst	has
manch	manx	some
bisschen	bɪsxən	little
mein Liebster	main lɪbstɐ	my dearest one
musste	mʊstə	had to
sollen	zɔlən	did
ernsten	əʀnstən	grave
das	dɑːs	so
würdevoll	vʏʀdeːfɔl	dignified
neben	neːbən	by
war kein	vɑːʀ kain	was not
von a	foːn ɑː	of a

Chapter 5

German	Pronunciation	English
wegen	veːgən	at
wegen	veːgən	about
aufbringen	aʊfpʀiːŋən	muster up
einzigen	aɪn͡tsiːçən	single
in	iːn	for
Angelegenheit	ɑːŋeːleːgənhait	matter
wenigstens	vənɪçstəns	least
gehst	gɛst	go
auf erbärmliche Weise	auf əʀbæːʀmliːxeː vaiseː	in a miserable way
Was ist los	vɑːs ɪst loːs	what is the matter
dort	dɔʀt	in
ganz	gan͡ts	all
in dem Haus	iːn deːm haus	of the house
gut	guːt	well
anzusehen	an͡tsuːseːən	look at
Haus	haus	house
gründen	kʀʏndən	found
darüber	dɑːʀʏːbɐ	about
außer	ausɐ	short
umwerfen	ʊmvəʀfən	pushing over
eine	ainə	some

weeve

Chapter 5

German	Pronunciation	English
Wohl	vo:l	well
befinden	be:fində̃n	being
worüber	vo:ʀy:bɐ	about
ein Wetter	ain vɛtɐ	a weather
hat	hɑ:t	is
welches	vɛlxe:s	that
Ich tat	i:x tɑ:t	i did
Geschäft	ge:ʃæ:ft	business
davon	dɑ:fo:n	one
zu	t͡su:	at/to
darüber	dɑ:ʀy:bɐ	over
magst	magst	like
jenen	jənən	that
außerhalb	ausəʀhalp	out
außer	ausɐ	but
als	als	as
unter	ʊntɐ	under
bis	bi:s	until
viel	fi:l	well
viel	fi:l	any
von	fo:n	at
ganz	gant͡s	right

weeve

Chapter 5

German	Pronunciation	English
Saison	zaiso:n	season
Frühling	fʀy:lɪŋk	spring
heraus	həʀaus	out
wie	vi:ə	as
solch	zɔlx	such
gäbe nicht	gæ:be: nɪxt	was not
hast	hast	have
gesagt	ge:sagt	said
so	zo:	as
durch	dʊʀx	about
verschiedene	fəʀʃi:dənə	various
Das	dɑ:s	that
nun	nu:n	now
auch	aux	also
nie	ni:ə	never
hattest	hatɛst	had
schnell	ʃnɛl	quick
noch	no:x	still
werden lassen	vəʀdən lasən	will have
in wenigen	i:n vəni:çən	in a few
jungen	ju:ŋən	young
Hat	hɑ:t	did

Chapter 5

German	Pronunciation	English
aus	aus	out
der	dɐ	of
gekommen war	geːkɔmən vaːʀ	had come
kurz	kʊʀt͡s	short
Träumen	tʀoːyːmən	dreams

6

Weeve Reading Tip: We don't recommend trying to map English words onto translations 1:1. Words convey greatly different meanings in different contexts and some words don't translate directly. Just try and understand what you are reading within the context of the story.

Etwa this time an ambitious **junger** reporter from New York arrived **eines Morgens an** Gatsby's door **und fragte** him **ob** he **hätte** anything to **sagen**.

"Anything to **sagen worüber**?" inquired Gatsby politely.

"Why — **irgendein** statement to give **heraus**."

It transpired after a confused five minutes **das** the man had heard Gatsby's **Namen** around his **Büro** in a connection **die** he either wouldn't reveal **oder hatte** not fully understand. **Dies** was his **Tag** off **und** with laudable initiative he had hurried **hinaus** "to see."

It **war** a random shot, **und** yet the reporter's instinct **war richtig**. Gatsby's notoriety, spread **etwa von** the hundreds who had accepted his hospitality **und so** become authorities upon his past, had increased **ganzen** summer **bis** he fell **einfach kurz von sein** news. Contemporary legends **wie diese** "underground pipeline **nach** Canada" attached themselves **zu** him, **und** there **war eine** persistent story **dass** he **hatte** not live **in einem Haus überhaupt**, **denn in** a boat **das** looked **wie ein Haus und war** moved secretly **hoch und** down the Long Island shore. **Gerade** why these inventions **waren** a source **von** satisfaction **zu** James Gatz **aus** North Dakota, **ist nicht** easy to **sagen**.

James Gatz — **das war** really, **oder am wenigsten** legally, his **Name**. He had changed it **in** the age **von** seventeen **und in dem** specific moment **welcher** witnessed the beginning **seiner** career — **Wenn** he **sah** Dan Cody's yacht drop anchor **über der** most insidious flat **auf dem** Lake Superior. It **war** James Gatz who had been loafing along the beach **diesen** afternoon **in einem** torn green jersey **und** a pair **von** canvas pants, **aber** it **war** already Jay Gatsby who borrowed a rowboat, pulled **hinaus zum** Tuolomee, **und** informed Cody **dass** a wind might catch him **und** break him **in zwei in** half an hour.

Ich suppose he **hatte gehabt den Name** ready **für eine** long time, even **dann**. His parents **waren** shiftless **und** unsuccessful farm **Leute** — his imagination had **noch nie** really accepted them **als** his parents **überhaupt**. The truth **war dass** Jay Gatsby **aus** West Egg, Long Island, sprang from his Platonic conception **von** himself. He **war** a son **von** God — a phrase **die**, **wenn** it means anything, means **einfach das** — **und** he **muss** be **etwa** His Father's **Geschäft**, the service **von einer** vast, vulgar, **und** meretricious beauty. **Deshalb** he invented **einfach** the sort **von** Jay Gatsby **den** a seventeen-**Jahre**-old boy would be **wahrscheinlich** to invent, **und zu** this conception he **war** faithful **bis zum Ende**.

Für über ein Jahr he had been beating his **Weg** along the south shore **von** Lake Superior **wie** a clam-digger **und** a salmon-fisher **oder auf jede andere** capacity **die** brought him food **und Bett**. His brown, hardening body lived naturally through the half-fierce, half-lazy work **der** bracing **Tage**. He **kannte** women early, **und seit** they spoiled him he became contemptuous **von ihnen**, **von jungen** virgins **weil** they **waren** ignorant, **von** the others **weil** they **waren** hysterical **über** things **die in** his overwhelming self-absorption he took **für** granted.

Aber his heart **war in einem** constant, turbulent riot. The most grotesque **und** fantastic conceits haunted him **in** his **Bett bei** night. **Ein Universum von** ineffable gaudiness spun itself **aus in** his brain while the clock ticked **an** the washstand **und** the moon soaked with wet light his tangled clothes upon the floor. Each night he added **zu** the pattern **von** his fancies **bis** drowsiness closed down upon **manche** vivid scene with an oblivious embrace. **Für** a while these reveries provided an outlet **für** his imagination; they **waren** a satisfactory hint **von** the unreality **von** reality, a promise **das** the rock **der Welt war** founded securely **auf** a fairy's wing.

An instinct toward his future glory had led him, **einige** months before, **zum** small Lutheran College **von** St. Olaf's **in** southern Minnesota. He stayed there **zwei** weeks, dismayed **von** its ferocious indifference **zu** the drums **von** his destiny, **zur** destiny itself, **und** despising the janitor's work with **der** he **war** to pay his **Weg** through. **Dann** he drifted back **zum** Lake Superior, **und** he was **immer noch** searching **nach** something to do **an dem**

Tag an dem Dan Cody's yacht dropped anchor **in** the shallows alongshore.

Cody **war fünfzig** years old **damals**, a product **der** Nevada silver fields, **des** Yukon, **von** every rush **nach** metal **seit** seventy-five. The transactions **in** Montana copper **die machte** him many times a millionaire **ließ** him physically robust **aber an** the verge **von** soft-mindedness, **und**, suspecting **dies**, an infinite number **von** women tried to separate him from his money. The none **zu** savoury ramifications **wodurch** Ella Kaye, the newspaper woman, played Madame de Maintenon **zu** his weakness **und** sent him **zur** sea **in** a yacht, were common property **des** turgid journalism **in** 1902. He had been coasting along **allzu** hospitable shores **seit** five **Jahre** when he **drehte** up **als** James Gatz's destiny **in** Little Girl Bay.

Zum jungen Gatz, resting **auf** his oars **und** looking **hoch zu dem** railed deck, **die** yacht represented **all** the beauty **und** glamour **auf der Welt**. **Ich** suppose he smiled **zu** Cody — he had probably discovered **diese Leute** liked him **wenn** he smiled. **Auf jeden Fall** rate Cody **fragte** him **ein paar** questions (**einer von ihnen** elicited the brand new **Namen**) **und fand** that he **war schnell und** extravagantly ambitious. **Ein paar Tage später** he took him **nach** Duluth **und** bought him a blue coat, six pairs **von** white duck trousers, **und** a yachting cap. **und als** the Tuolomee **ging** for the West Indies **und** the Barbary Coast, Gatsby **ging auch**.

He **war** employed **in einer** vague personal capacity — while he remained with Cody he **war in** turn steward, mate, skipper, secretary, **und** even jailor, **denn** Dan Cody sober **wusste** what lavish doings Dan Cody drunk might soon be **machen**, **und** he provided **für solche** contingencies **indem** reposing **mehr und mehr** trust **in** Gatsby. The arrangement lasted five **Jahre**, during **denen** the boat **fuhr** three times around the Continent. It might have lasted indefinitely except **aus** the fact **dass** Ella Kaye **kam** on board **eines** night **in** Boston **und** a week **später** Dan Cody inhospitably died.

Ich remember the portrait **von ihm hoch in** Gatsby's bedroom, a grey, florid man with a **harten**, empty face — the pioneer debauchee, who during **einer** phase **von** American **Leben** brought back **zum** Eastern seaboard the savage violence **von** the frontier brothel **und** saloon. It **war** indirectly due **zu** Cody **dass** Gatsby drank **so wenig**. Sometimes **während** gay parties women used to rub champagne into his hair; **denn** himself he formed **die Angewohnheit von** letting liquor alone.

und it **war** from Cody **dass** he inherited money — a legacy **von** twenty-five thousand dollars. He **hat** not get it. He **nie** understood the legal device **welche** was used against him, **aber** what remained **von** the millions **ging** intact **an** Ella Kaye. He **war**

zurückgelassen with his singularly appropriate education; the vague contour **von** Jay Gatsby had filled **aus zu** the substantiality **von** a man.

Weeve Reading Tip: When using our vocab tables to check your knowledge, remember that these show what the words mean in this specific context. Often, this word could have a different meaning when you see it elsewhere. Continue focusing on understanding the word as you see it in the story. Understanding will come naturally with time.

He **erzählte** me **all dies** very much **später**, **aber ich** have put it down **hier** with the idea **von** exploding **jene** first **wilden** rumours **über** his antecedents, **die** weren't even faintly true. Moreover he **erzählte** it **zu** me **zu** a time **von** confusion, **als ich** had reached the point **von** believing everything **und** nothing **über ihn**. **Deshalb ich** take advantage **von diesem kurzen** halt, while Gatsby, **so** to speak, caught his breath, to clear this set **von** misconceptions **weg**.

It **war** a halt, **auch**, **in** my association with his affairs. **Denn** several weeks **ich habe** not see him **oder** hear his voice **an** the phone — mostly **ich war in** New York, trotting around with Jordan **und** trying to ingratiate myself with her senile aunt — **Aber endlich ich ging herüber zu** his **Haus eines** Sunday afternoon. **Ich war nicht gewesen** there **zwei** minutes **als** somebody brought Tom Buchanan **herein für** a drink. **Ich war** startled, naturally, **aber** the really surprising **Sache war dass** it hadn't happened before.

They **waren** a party **von drei auf** horseback — Tom **und** a man named Sloane **und** a pretty woman **in einem** brown riding-habit, who **gewesen war** there previously.

"**Ich** am delighted to see you," **sagte** Gatsby, standing **auf** his porch. "**Ich** am delighted **das** you dropped **in**."

Als though they cared!

"Sit **sofort** down. Have a cigarette **oder** a cigar." He **ging** around the room quickly, ringing bells. "**Ich werde haben** something to drink **für dich in nur** a minute."

He **war** profoundly affected **von** the fact **dass** Tom **war** there. **Aber** he would be uneasy anyhow **bis** he had given them something, realizing **in einer** vague **Art das** that **war alles** they **kamen** for. Mr. Sloane wanted nothing. A lemonade? No, thanks. A **kleinen** champagne? Nothing **überhaupt**, thanks … **ich** am sorry —

“**Hatten** you **gehabt** a nice ride?”

“Very good roads around **hier**.”

“**Ich** suppose the automobiles —”

“Yeah.”

Moved **von einem** irresistible impulse, Gatsby **drehte sich** to Tom, who had accepted the introduction **wie** a stranger.

“**Ich** believe we have met somewhere before, Mr. Buchanan.”

“Oh, yes,” **sagte** Tom, gruffly polite, **aber** obviously **nicht** remembering. “**Also** we **tat**. **Ich** remember very **gut**.”

“**Etwa zwei** weeks ago.”

“ **Das ist richtig.** You **waren** with Nick **hier**.”

“**Ich** know your wife,” continued Gatsby, almost aggressively.

“**Das** so?”

Tom **drehte sich** to me.

“You live near **hier**, Nick?”

“Next door.”

“**Das** so?”

Mr. Sloane **hatte** not enter into the conversation, **aber** lounged back haughtily **in** his chair; the woman **sagte** nothing either — **bis** unexpectedly, **nach** two highballs, she became cordial.

“We **werden alle kommen** over **zu** your next party, Mr. Gatsby,” she suggested. “What do you **sagen**?”

“Certainly; **Ich** had be delighted to **Sie hier zu haben**.”

“Be ver’ nice,” **sagte** Mr. Sloane, without gratitude. “**Gut** — think ought to be starting home.”

“Please don’t hurry,” Gatsby urged them. He **hatte** control **über** himself **jetzt**, **und** he wanted to see **mehr von** Tom. “Why don’t you — why don’t you stay **zum** supper? **Ich** wouldn’t be surprised **wenn einige andere Leute** dropped **vorbei** from New York.”

“You **kommen** to supper with me,” **sagte** the lady enthusiastically. “Both **von Ihnen**.”

Das included me. Mr. Sloane got **zu** his feet.

"**Kommen Sie** along," he **sagte** — **aber zu** her only.

"**Ich** mean it," she insisted. "**Ich würde** love to **haben** you. Lots **von** room."

Gatsby looked **zu** me questioningly. He wanted to **gehen und** he **hat** not see **das** Mr. Sloane had determined he shouldn't.

"**Ich** am **befürchte** I won't be able to," **sagte ich**.

"**Gut**, you **kommen Sie**," she urged, concentrating **auf** Gatsby.

Mr. Sloane murmured something close **zu** her ear.

"We won't be late **wenn** we start **jetzt**," she insisted aloud.

"**Ich** haven't got a horse," **sagte** Gatsby. "**Ich** used to ride **in** the army, **aber ich habe nie** bought a horse. **Ich werde müssen** follow you **in** my car. Excuse me **für nur** a minute."

The rest **von** us **ging** out **auf** the porch, where Sloane **und** the lady began an impassioned conversation aside.

"My God, **ich** believe the man's coming," **sagte** Tom. "Doesn't he know she doesn't want him?"

"She says she does want him."

"She **hat** a big dinner party **und** he won't know a soul there." He frowned. "**Ich** wonder where **in** the devil he met Daisy. **Bei** God, **ich mag** be old-fashioned **in** my ideas, **aber** women run around **zu** much these **Tagen** to suit me. They meet **alle** kinds **von** crazy fish."

Suddenly Mr. Sloane **und** the lady **gingen** down the steps **und** mounted their horses.

"**Kommen Sie** on," **sagte** Mr. Sloane **zu** Tom, "we **sind** late. We have got to **gehen**." **Und dann zu** me: "Tell him we couldn't wait, **wirst** you?"

Tom **und ich** shook hands, the rest **von** us exchanged a cool nod, **und** they trotted quickly down the drive, disappearing **unter der** August foliage **gerade als** Gatsby, with **Hut und** light overcoat **in** hand, **kam** out the front door.

Tom **war** evidently perturbed **wegen** Daisy's running around alone, **denn an dem** following Saturday night he **kam** with her **zu** Gatsby's party. Perhaps his presence **gab** the evening its peculiar **Qualität von** oppressiveness — it stands **hervor in** my memory from Gatsby's **anderen** parties **diesen** summer. There **waren** the same **Leute**, **oder wenigstens** the same sort **von Leuten**, the same profusion **von** champagne, the same many-coloured, many-keyed commotion, **aber ich** felt an unpleasantness **in** the air, a pervading harshness **die war nicht gewesen** there before. **Oder** perhaps **ich hatte** merely grown used **zu** it, grown to accept West Egg **als Welt** complete **in** itself, with its own standards **und** its own **großen** figures, second **zu** nothing **weil** it **hatte** no consciousness **von sein so, und jetzt ich** was looking **auf** it **wieder**, through Daisy's eyes. It **ist** invariably saddening to **sehen** through new eyes **auf** things upon **welche** you have expended your own powers **von** adjustment.

They arrived **bei** twilight, **und**, **als** we strolled **aus** among the sparkling hundreds, Daisy's voice was playing murmurous tricks **in** her throat.

"These things excite me **so**," she whispered. "**Wenn** you want to kiss me **irgendwann** during the evening, Nick, **einfach** let me know **und ich werde** be glad to arrange it **für dich**. **Einfach** mention my **Namen**. **oder** present a green card. **Ich** am giving **heraus** green —"

"**Schaut** around," suggested Gatsby.

"**Ich** am looking around. **Ich** am having a marvellous —"

"You **musst** see the faces **von** many **Leuten** you have heard **über**."

Tom's arrogant eyes roamed the crowd.

"We don't **gehen** around very much," he **sagte**; "**tatsächlich**, **ich habe gerade** thinking **ich** don't know a soul **hier**."

"Perhaps you know **diese** lady." Gatsby indicated a **wunderschöne**, scarcely human orchid **einer** woman who sat **in** state **unter einem** white-plum tree. Tom **und** Daisy stared, with **diesem** peculiarly unreal feeling **das** accompanies the recognition **von a** hitherto ghostly celebrity **von** the movies.

"She **ist** lovely," **sagte** Daisy.

"The man bending **über ihr ist** her director."

He took them ceremoniously from group **zu** group:

"Mrs. Buchanan … **und** Mr. Buchanan —" **Nach** an instant's hesitation he added: "the polo player."

"Oh no," objected Tom quickly, "**nicht** me."

Aber evidently the sound **davon** pleased Gatsby **denn** Tom remained "the polo player" **für** the rest **von** the evening.

"**Ich habe noch nie** met **so** many celebrities," Daisy exclaimed. "**Ich** liked **diesen** man — what **war** his **Name**? — with the sort

von blue nose."

Gatsby identified him, adding **dass** he **war** a small producer.

"**Gut**, **ich** liked him anyhow."

"**Ich wäre** a **bisschen** **lieber** **nicht** be the polo player," **sagte** Tom pleasantly, "**Ich** would **lieber** **ansehen** **all** these famous **Menschen in** — **in** oblivion."

Daisy **und** Gatsby danced. **Ich** remember being surprised **von** his graceful, conservative foxtrot — **ich hatte nie** seen him dance before. **Dann** they sauntered **herüber zu** my **Haus und** sat **auf** the steps **für** half an hour, while **auf** her request **ich** remained watchfully **in** the garden. "**Im** case there **gab** a fire **oder** a flood," she explained, "**oder irgendein** act **von** God."

Tom appeared from his oblivion **als** we were sitting down to supper **zusammen**. "Do you mind **wenn ich** eat with **einigen Leuten dort drüben**?" he **sagte**. "A fellow's getting off **einiges** funny stuff."

"**Geh** ahead," answered Daisy genially, "**und wenn** you want to take down **irgendwelche** addresses here's my **kleiner gold** pencil."... She looked around **nach** a moment **und erzählte** me the girl **war** "common **aber** pretty," **und ich wusste dass** except **für die** half-hour she **war gewesen** alone with Gatsby she was not having a good time.

We **waren an einem** particularly tipsy **Tisch**. **Das war** my fault — Gatsby had been called **zu** the phone, **und ich** had enjoyed these same **Menschen** only **zwei** weeks before. **Aber** what had amused me **dann** **wurde** septic **an** the air **jetzt**.

"**Wie** do you feel, Miss Baedeker?"

The girl addressed was trying, unsuccessfully, to slump against my shoulder. **Bei** this inquiry she sat **auf und** opened her eyes.

"Wha'?"

A massive **und** lethargic woman, who had been urging Daisy to play golf with her **in dem** local club tomorrow, spoke **in** Miss Baedeker's defence:

"Oh, she **hat** **jedes** **Recht jetzt**. **Wenn** she **ist hätte** five **oder** six cocktails she **stets** starts screaming **wie** **dies**. **Ich** tell her she ought to leave it alone."

"**Ich** do leave it alone," affirmed the accused hollowly.

"We heard you yelling, **deshalb ich sagte zu** Doc Civet **hier**: 'There **ist** somebody **der** needs your help, Doc.' "

“She **ist** much obliged, **ich** am sure,” **sagte** another friend, without gratitude, “**aber** you got her dress **ganz** wet **als** you stuck her head **in** the pool.”

“Anything **ich** hate **ist** to get my head stuck **in** a pool,” mumbled Miss Baedeker. “They almost drowned me **einmal drüben in** New Jersey.”

“**Dann** you ought to leave it alone,” countered Doctor Civet.

“Speak **für** yourself!” cried Miss Baedeker violently. “Your hand shakes. **Ich** wouldn’t let you operate **an** me!”

Es war so. Almost the **letzte** thing **ich** remember was standing with Daisy **und** watching the moving-picture director **und** his Star. They **waren noch unter dem** white-plum tree **und** their faces were touching except **für einen** pale, thin ray **von** moonlight between. It occurred **zu** me **das** he had been very slowly bending toward her **ganzen** evening to attain this proximity, **und** even while **ich** watched **ich sah** him stoop **einen** ultimate degree **und** kiss **auf** her cheek.

“**Ich mag** her,” **sagte** Daisy, “**Ich** think she **ist** lovely.”

Aber the rest offended her — **und** inarguably **weil** it **war nicht** a gesture **aber** an emotion. She **war** appalled **von** West Egg, this unprecedented “place” **der** Broadway had begotten upon a Long Island fishing **Dorf** — appalled **von** its raw vigour **das** chafed **unter dem** old euphemisms **und bis dem auch** obtrusive fate **das** herded its inhabitants along a shortcut from nothing **zu** nothing. She **sah** something awful **in der** very simplicity she failed to understand.

Ich sat **auf den** front steps with them while they waited **auf** their car. It **war** dark **hier in** front; only the bright door sent **zehn** square feet **von** light volleying **heraus** into the soft black **Morgen**. Sometimes a shadow moved against a dressing-room blind above, **gab** way **für** another shadow, an indefinite procession **von** shadows, who rouged **und** powdered **in einem** invisible glass.

“Who **ist** this Gatsby anyhow?” demanded Tom suddenly. “**Ein** big bootlegger?”

“Where **hast** you hear **das**?” **Ich** inquired.

“**Ich habe** not hear it. **Ich** imagined it. A lot **von** these newly rich **Leuten sind einfach** big bootleggers, you know.”

“**Nicht** Gatsby,” **sagte ich** shortly.

He **war** silent **für** a moment. The pebbles **von** the drive crunched **unter** his feet.

“**Gut**, he certainly **muss** have strained himself to get this menagerie **zusammen**.”

A breeze stirred the grey haze **von** Daisy’s fur collar.

“**Am wenigsten** they **sind** **interesanter** **als die Leute** we know,” she **sagte** with an effort.

“You **hast** not **ausgesehen** **so** interested.”

„Nun, das war ich.”

Tom laughed **und drehte sich** to me.

“**Hast** you notice Daisy’s face **als das** girl **fragte** her to put her **unter eine** cold shower?”

Daisy began to sing with the music **in einem** husky, rhythmic whisper, bringing **heraus** a meaning **aus** each word **welche** it had **niemals** **hatte** before **und** would **niemals haben wieder**. **Als** the melody rose her voice **brach** sweetly, following it, **in gewisser Weise** contralto voices **haben**, **und** each change tipped **heraus** a **bisschen ihrer** warm human magic upon the air.

“Lots **von Leuten kommen** who **sind nicht nicht** been invited,” she **sagte** suddenly. “**Das** girl **war nicht nicht** been invited. They simply force their **Weg herein und** he **ist zu** polite to object.”

“**Ich** would **gern** to know who he **ist und** what he does,” insisted Tom. “**Und ich** think **ich werde** make **einen Punkt** **davon** finding **aus**.”

“**Ich kann** tell you **jetzt** **sofort**,” she answered. “He owned **einige** drugstores, a lot **von** drugstores. He built them **auf** himself.”

The dilatory limousine **kam** rolling **hoch** the drive.

“Good night, Nick,” **sagte** Daisy.

Her glance **verließ** me **und** sought the lighted top **von** the steps, where “**Drei Von** the clock **in dem** Morning,” a neat, sad **kleiner** waltz **von diesem Jahr**, was drifting **aus** the open door. **Schließlich**, **in der** very casualness **von** Gatsby’s party there **waren** **romantische** possibilities totally absent from her **Welt**. What **war** it **oben** there **in** the song **das** seemed to be calling her **zurück** inside? What would happen **jetzt in den** dim, incalculable hours? Perhaps **manch** unbelievable guest would arrive, **eine Person** infinitely rare **und** to be marvelled **an**, **manch** authentically radiant **junges** girl who with **einem** fresh glance **auf** Gatsby, **einen** moment **von** magical encounter, would blot **heraus jene** five **Jahre** of unwavering devotion.

Ich stayed late **diese** night. Gatsby **fragte** me to wait **bis** he **war** free, **und ich** lingered **in** the garden **bis** the inevitable swimming party had run **heraUF**, chilled **und** exalted, from the black beach, **bis** the lights **wurden** extinguished **in** the guestrooms overhead. **Als** he **kam** down the steps **zuletzt** the tanned skin **war** drawn unusually tight **auf** his face, **und** his eyes **waren** bright **und** tired.

"She **hat** not **gemocht** it," he **sagte** immediately.

„Natürlich hat sie das getan."

"She **hat** not **gemocht** it," he insisted. "She **hat** not **gehabt** a good time."

He **war** silent, **und ich** guessed **bei** his unutterable depression.

"**Ich** feel far **weg** from her," he **sagte**. "It **ist** **schwer** to make her understand."

"You mean **über** the dance?"

"The dance?" He dismissed **alle** the dances he had given with a snap **von** his fingers. "Old sport, the dance **ist** unimportant."

He wanted nothing less **von** Daisy **als dass** she should **gehen zu** Tom **und sagen**: "**Ich niemals** loved you." **Nachdem** she had obliterated four **Jahre** with **diesem** sentence they could decide upon the **praktischeren** measures to be taken. **Eine davon war das**, **nachdem** she **war** free, they **würden gehen zurück nach** Louisville **und** be married from her **Haus** — **genauso wie als** it **wäre** five **Jahre** ago.

"**Und** she doesn't understand," he **sagte**. "She used to be able to understand. We would sit **für** hours —"

He broke off **und** began to walk **hoch und** down a desolate path **aus** fruit rinds **und** discarded favours **und** crushed flowers.

"**Ich** wouldn't ask **zu** much **von ihr**," **Ich** ventured. "You can't repeat the past."

"Can't repeat the past?" he cried incredulously. "Why **natürlich** you **kannst**!"

He looked around him wildly, **als ob** the past were lurking **hier in** the shadow **seines Haus**, **einfach aus von** reach **von** his hand.

"**Ich** am going to fix everything **einfach die Art** it **war** before," he **sagte**, nodding determinedly. "She **wird** see."

He talked a lot **über** the past, **und ich** gathered **das** he wanted to recover something, **eine** idea **von** himself perhaps, **die** had gone into loving Daisy. His **Leben** had been confused **und** disordered **seit dann**, **aber wenn** he could **einmal** return **zu einem** **sicheren** starting place **und gehen** **darüber hinweg** **ganz** slowly, he could find **heraus** what **die Sache war** …

… **Einer** autumn night, five **Jahre** before, they had been walking down the street **als** the leaves were falling, **und** they **kamen** to a place where there **waren** no **Bäume** and the sidewalk **war** white with moonlight. They stopped **hier und drehten sich** toward each **ander**. **Nun** it **war** a cool night with **diesem** mysterious excitement **in** it **das** comes **von den zwei** changes **des Jahres**. The quiet lights **in** the houses were humming **heraus** into the darkness **und** there **war** a stir **und** bustle among the stars. **Aus von** the corner **von** his eye Gatsby **sah** that the blocks **von** the sidewalks really formed a ladder **und** mounted **zu einem geheimen** place above **den Bäumen** — he could climb **zu** it, **wenn** he climbed alone, **und einmal** there he could suck **an** the pap **des Lebens**, gulp down the incomparable milk **von** wonder.

His heart beat faster **als** Daisy's white face **kam** up **zu** his own. He **wusste** that **als** he kissed this girl, **und** forever we d his unutterable visions **zu** her perishable breath, his mind would **niemals** romp **wieder wie** the mind **von** God. **Deshlab** he waited, listening **für** a moment longer **zu** the tuning-fork **das** had been struck upon a star. **Dann** he kissed her. **Bei** his lips' touch she blossomed **für ihn wie** a flower **und** the incarnation **war** complete.

Through **alles** he **sagte**, even through his appalling sentimentality, **ich war** reminded **an** something — an elusive rhythm, a fragment **von** lost words, **die** I had heard somewhere a long time ago. **Für** a moment a phrase tried to take shape **in** my mouth **und** my lips parted **wie** a dumb man's, **als** though there **war mehr** struggling upon them **als** a wisp **von** startled air. **Aber** they **machten** no sound, **und** what **ich hatte** almost remembered **war** uncommunicable forever.

weeve

Chapter 6

German	Pronunciation	English
junger	ju:ŋɐ	young
eines Morgens	aine:s mɔʀgəns	one morning
Büro	by:ʀo:	office
die	di:ə	which
hatte	hatə	did
hinaus	hi:naus	out
wie	vi:ə	such
denn	dənn	but
wenigsten	vənɪçstən	least
in	i:n	at
welcher	vɛlxɐ	that
hatte gehabt	hate: ge:abt	had had
Jahre	jɑ:ʀə	year
wahrscheinlich	vaʀʃaɪnli:x	likely
über ein Jahr	y:bəʀ ain jɑ:ʀ	over a year
auf jede	auf je:də	in any
kannte	kantə	knew
bei	bai	at
Ein Universum	ain u:ni:fəʀsu:m	a universe
der	dɐ	which
damals	dɑ:mals	then

weeve

Chapter 6

German	Pronunciation	English
ließ	liːs	found
wodurch	voːdʊʀx	by which
allzu	alt͡suː	all too
seit	zait	for/since
Auf jeden Fall	auf jeːdən fal	at any
fand	fant	found
ging	gɪŋk	left
wusste	vʊstə	knew
machen	mɑːxən	about/do
solche	zɔlxə	such
denen	dənən	which
harten	haʀtən	hard
während	veːʀənt	in the course of
die Angewohnheit	diː ɑːŋeːvoːnhait	the habit
welche	vɛlxə	that
zurückgelassen	t͡suːʀʏkgeːlasən	left
jene	jənə	those
weg	veːk	away
sofort	zoːfɔʀt	right
ging	gɪŋk	walked
Hatten	hatən	did
gehabt	geːabt	have

weeve

Chapter 6

German	Pronunciation	English
tat	tɑ:t	did
nach	nɑ:x	after
kommen	kɔmən	come
vorbei	fɔʀbai	in
befürchte	be:fʏʀxtə	afraid
müssen	mʏsən	have to
hat	hɑ:t	has
hervor	həʀfo:ʀ	out
sehen	ze:ən	look
welche	vɛlxə	which
Schaut	ʃaut	look
musst	mʊst	must
tatsächlich	tatsæ:xli:x	in fact
wunderschöne	vʊndəʀʃø:nə	gorgeous
lieber	li:bɐ	rather
ansehen	anse:ən	look at
gab	gɑ:p	has
einiges	aini:çe:s	some
wurde	vʊʀdə	turned/became
Wie	vi:ə	how
jedes	je:de:s	all
dies	di:s	that

weeve

Chapter 6

German	Pronunciation	English
drüben	tʀy:bən	over
letzte	lɛt͡stə	last
auf	auf	for
zehn	t͡se:n	ten
Ein	ain	some
hast	hast	did
interesanter	ɪntəʀe:santɐ	more interesting
ausgesehen	aʊsge:se:ən	look
aus	aus	in
niemals	ni:mals	never
brach	pʀɑ:x	broke up
in gewisser Weise	i:n ge:vɪsəʀ vaisə	in a way
einen Punkt	ainən pʊŋkt	a point
jetzt	jɛt͡st	right
sofort	zo:fɔʀt	now
verließ	fəʀli:s	left
Schließlich	ʃlɪsli:x	after all
romantische	ʀo:manti:ʃə	romantic
oben	o:bən	up
zurück	t͡su:ʀʏk	back
junges	ju:ŋe:s	young
herauf	həʀauf	up

weeve

Chapter 6

German	Pronunciation	English
zuletzt	t͡suːlɛt͡st	at last
gemocht	geːmɔxt	like
schwer	ʃvɐ	hard
Nachdem	naxdeːm	after
praktischeren	pʀaktiːʃəʀən	more practical
als	als	if
sicheren	ziːxəʀən	certain
darüber hinweg	dɑːʀyːbəʀ hɪnveːk	over it
Bäume	boːyːmə	trees
ander	andɐ	other
das	dɑːs	which
des Jahres	deːs jɑːʀeːs	of the year
Deshlab	deːshlɑːp	so

7

> "Student comprehension scores were 50% higher for information presented in story form than for similar information presented in expository forms."- J. David Cooper, author of Literacy: Helping Children Construct Meaning

It **war als** curiosity **über** Gatsby **war am** its highest **das** the lights **in** his **Haus** failed to **gehen an einer** Saturday night — **und**, **wie** obscurely **wie** it had begun, his career **wie** Trimalchio **war vorüber**. Only gradually **bin** I become aware **dass** the automobiles **welche erschienen** expectantly into his drive stayed **für gerade** a minute **und dann** drove sulkily **weg**. Wondering **ob** he **war** sick **ich ging hinüber** to find **heraus** — an unfamiliar butler with a villainous face squinted **an** me suspiciously from the door.

"Is Mr. Gatsby sick?"

"Nope." **Nach** a pause he added "sir" **in einer** dilatory, grudging **Art**.

"**Ich** hadn't seen him around, **und ich war sehr** worried. Tell him Mr. Carraway **kam** over."

"Who?" he demanded rudely.

"Carraway."

"Carraway. **In Ordnung**, **ich werde** tell him."

Abruptly he slammed the door.

My Finn informed me **dass** Gatsby had dismissed every servant **in** his **Haus** a week ago **und** replaced them with half a dozen others, who **niemals gingen** into West Egg **Dorf** to be bribed

von the tradesmen, **aber** ordered moderate supplies **über** the telephone. The grocery boy reported **dass** the kitchen looked **wie** a pigsty, **und** the general opinion **im Dorf war das** the new **Leute** weren't servants **überhaupt**.

Next **Tag** Gatsby called me **auf** the phone.

"Going **weg**?" **Ich** inquired.

"No, old sport."

"**Ich** hear you fired **alle** your servants."

"**Ich** wanted somebody who wouldn't gossip. Daisy comes **vorbei** quite often — **an** the afternoons."

Deshalb the whole caravansary had **zusammen wie** a card **Haus beim** the disapproval **in** her eyes.

"They **sind ein paar Leute** Wolfshiem wanted to **machen** something for. They **sind alle** brothers **und** sisters. They used to run a small hotel."

"**Ich** see."

He was calling up at Daisy's request — would **ich zum Mittagessen kommen in** her **Haus** tomorrow? Miss Baker would be there. Half an hour **später** Daisy herself telephoned **und** seemed relieved to find **dass** I was coming. Something **war los**. **Und** yet **ich** couldn't believe **dass** they would choose this occasion **für** a scene — especially **für die eher** harrowing scene **die** Gatsby had outlined **in** the garden.

The next **Tag** was broiling, almost the **letzte**, certainly the warmest, **des** summer. **Als** my train emerged from the tunnel into sunlight, only the hot whistles **der** National Biscuit Company broke the simmering hush **am** noon. The straw seats **des** the car hovered **an der Grenze von** combustion; the woman next to me perspired delicately **für** a while into her white shirtwaist, **und dann**, **als** her newspaper dampened **unter** her fingers, lapsed despairingly into deep heat with a desolate cry. Her pocketbook slapped **zu Boden**.

"Oh, my!" she gasped.

Ich picked it **auf** with a weary bend **und** handed it **zurück zu** her, holding it **bei** arm's length **und** by the extreme tip **der** corners to indicate **dass** I **hatte** no designs upon it — **aber** everyone **umher**, including the woman, suspected me **einfach** the same.

"Hot!" **sagte** the conductor **zu** familiar faces."Some weather! … Hot! … Hot! … Hot! … Is it hot enough **für dich**? Is it hot? Is it … ?"

My commutation ticket **kam** back **zu** me with a dark stain from his hand. **Dass** anyone should care **in** this heat whose flushed lips he kissed, whose head **machte** damp the pyjama pocket **über** his heart!

… Through the hall **des** Buchanans' **Haus** blew a faint wind, carrying the sound **der** telephone bell **hinaus zu** Gatsby **und** me **als** we waited **bei** the door.

"The master's body?" roared the butler into the mouthpiece. "**Ich** am sorry, madame, **aber** we can't furnish it — it **ist** far **zu** hot to touch this noon!"

What he really **sagte** was: "Yes … Yes … **ich werde** see."

He set down the receiver **und kam** toward us, glistening slightly, to take our stiff straw hats.

"Madame expects you **in** the salon!" he cried, needlessly indicating the direction. **In** this heat every extra gesture **war** an affront **zum** common store **des Lebens**.

The room, shadowed **gut** with awnings, was dark **und** cool. Daisy **und** Jordan lay upon an enormous couch, **wie** silver idols weighing down their own white dresses against the singing breeze **der** fans.

"We can't move," they **sagten** together.

Jordan's fingers, powdered white **über** their tan, rested **für** a moment **in** mine.

"**Und** Mr. Thomas Buchanan, the athlete?" **Ich** inquired.

Simultaneously **ich** heard his voice, gruff, muffled, husky, **bei** the hall telephone.

Gatsby stood **in der Mitte des** crimson carpet **und** gazed around with fascinated eyes. Daisy watched him **und** laughed, her sweet, exciting laugh; a tiny gust **von** powder rose from her bosom into the air.

"The rumour **ist**," whispered Jordan, "**dass** that **ist** Tom's girl **am** telephone."

We **waren** silent. The voice **in** the hall rose **hoch** with annoyance: "Very **gut**, **dann**, **ich** won't sell you the car **überhaupt** … **ich** am **unter** no obligations **zu** you **überhaupt** … **und** as for your bothering me **darüber bei** lunch time, **ich** won't stand **das** **überhaupt**!"

"Holding down the receiver," **sagte** Daisy cynically.

"No, he **ist** not," **Ich** assured her. "It **ist** a bona-fide **Deal**. **Ich** happen to know **davon**."

Tom flung open the door, blocked **aus** its space **für** a moment with his thick body, **und** hurried into the room.

"Mr. Gatsby!" He put **aus** his broad, flat hand with **gut**-concealed dislike. "**Ich** am glad to see you, sir … Nick …"

"Make us a cold drink," cried Daisy.

Als he **verlaß** the room **wieder** she **stand auf und ging** over **zu** Gatsby **und** pulled his face down, kissing him **auf** the mouth.

"You know **ich** love you," she murmured.

"You forget there **ist** a lady present," **sagte** Jordan.

Daisy looked around doubtfully.

"You kiss Nick **auch**."

"What a low, vulgar girl!"

"**Ich** don't care!" cried Daisy, **und** began to clog **an** the brick fireplace. **Dann** she remembered the heat **und** sat down guiltily **auf** the couch **gerade als eine** freshly laundered nurse leading a **kleines** girl **kam** into the room.

"Bles-sed pre-cious," she crooned, holding **aus** her arms. "**Komm zu** your own mother **die** loves you."

The child, relinquished **von** the nurse, rushed across the room **und** rooted shyly into her mother's dress.

"The bles-sed pre-cious! Did mother get powder **auf** your old yellowy hair? **Steh jetzt auf und sag–How-de-do."**

Gatsby **und ich in** turn leaned down **und** took the small reluctant hand. Afterward he kept looking **auf** the child with surprise. **Ich** don't think he had **jemals** really **geglaubt an** its existence before.

"**Ich** got dressed before luncheon," **sagte** the child, turning eagerly **zu** Daisy.

"**Das ist warum** your mother wanted to show you off." Her face bent into the **einzige** wrinkle **des** small white neck. "You dream, you. You absolute **kleiner** dream."

"Yes," admitted the child calmly. "Aunt Jordan's **hat an ein** white dress **auch**."

"**Wie** do you **mögen** mother's friends?" Daisy **drehte** her around **sodass** she faced Gatsby. "Do you think they **sind** pretty?"

"Where **hat** Daddy?"

"She doesn't **sieht aus** **wie** her **Vater**," explained Daisy. "She looks **wie** me. She **ist** got my hair **und** shape **des** face."

Daisy sat **zurück** upon the couch. The nurse took a step forward **und** held **aus** her hand.

"**Komm**, Pammy."

"Goodbye, sweetheart!"

With a reluctant backward glance the **gut**-disciplined child held to her nurse's hand **und war** pulled **aus** the door, **gerade als** Tom **kam** back, preceding four gin rickeys **die** clicked full **von** ice.

Gatsby took **hoch** his drink.

"They certainly look cool," he **sagte**, with visible tension.

We drank in long, greedy swallows.

"**Ich** read somewhere **dass** the sun's getting hotter every **Jahr**," **sagte** Tom genially. "It seems **dass** pretty soon the earth's going to fall into the sun — **oder** wait a minute — it **ist einfach** the opposite — the sun's getting colder every **Jahr**.

"**Kommen Sie** outside," he suggested **zu** Gatsby, "**Ich würde gerne** you to **haben** **einen Blick** **auf** the place."

Ich ging with them **hinaus zu** the veranda. **Auf der** green Sound, stagnant **in** the heat, **ein** small sail crawled slowly toward the fresher sea. Gatsby's eyes followed it momentarily; he raised his hand **und** pointed across the bay.

"**Ich** am **direkt** across **von dir**."

"So **sind Sie**."

Our eyes lifted **über** the rose-beds **und** the hot lawn **und** the weedy refuse **der** dog-days alongshore. Slowly the white wings **des** boat moved against the blue cool **Grenze** of the sky. Ahead lay the scalloped ocean **und** the abounding blessed isles.

"There has sport **für dich**," **sagte** Tom, nodding. "**Ich hatte** like to be **da draußen** with him **für etwa** an hour."

We **hatten** luncheon **in** the dining-room, darkened **auch** against the heat, **und** drank down nervous gaiety with the cold ale.

"What **werden** we **tun** **mit** ourselves this afternoon?" cried Daisy, "**und den Tag danach**, **und** the next thirty **Jahre**?"

"**Sei nicht** morbid," **sagte** Jordan. "**Das Leben** starts all over **wieder wenn** it gets crisp **im** fall."

"**Aber** it **ist so** hot," insisted Daisy, **an** the verge **von** tears, "**und** everything's **so** confused. Let us **alle gehen in die Stadt**!"

Her voice struggled **an** through the heat, beating against it, moulding its senselessness into forms.

"**Ich** have heard **von** making a garage **aus einem** stable," Tom was saying **zu** Gatsby, "**aber ich** am the first man who **jemals machte** a stable **aus einer** garage."

"Who wants to **gehen in die Stadt**?" demanded Daisy insistently. Gatsby's eyes floated toward her. "Ah," she cried, "you **siehst aus** so cool."

Their eyes met, **und** they stared **zusammen** at each other, alone **in** space. **Mit** an effort she glanced down **auf Tisch**.

"You **immer siehst aus so** cool," she repeated.

She **hatte erzählt** him **dass** she loved him, **und** Tom Buchanan **sah**. He **war** astounded. His mouth opened **ein bisschen**, **und** he looked **zu** Gatsby, **und dann zurück zu** Daisy **als ob** he had **gerade** recognized her **als** someone he **kannte** a long time ago.

"You resemble the advertisement **von** the man," she went on innocently. "You know the advertisement **von** the man —"

"**Alles klar**," broke **ein** Tom quickly, "**Ich** am perfectly willing to **gehen in die Stadt**. **Kommen Sie schon** — we are **alle** going **in die Stadt**."

He **stand auf**, his eyes **immer noch** flashing between Gatsby **und** his wife. **Niemand** moved.

" Kommen Sie schon!" His temper cracked **ein bisschen**. "What **ist der Grund**, anyhow? **Wenn** we are going **in die Stadt**, let us start."

His hand, trembling **mit** his effort **zu** self-control, bore **zu** his lips the **letzte seines** glass **von** ale. Daisy's voice got us **zu** our feet **und hinaus** on **zum** blazing gravel drive.

"Are we **einfach** going to **gehen**?" she objected. "**So?** Aren't we going to let anyone smoke a cigarette first?"

"Everybody smoked **alle** through lunch."

"Oh, let us **haben** fun," she begged him. "It **ist zu** hot to fuss."

He did not answer.

"Have it your own **Weise**," she **sagte**. "**Kommen Sie schon**, Jordan."

They **gingen** upstairs to **werden** ready while we **drei Männer** stood there shuffling the hot pebbles **mit** our feet. A silver curve

des moon hovered already **in den** western sky. Gatsby **begann** to speak, changed his mind, **aber nicht** before Tom wheeled **und** faced him expectantly.

"Have you got your stables **hier**?" **fragte** Gatsby **mit** an effort.

"**Ungefähr ein Viertel** **einer** mile down **die Straße**."

"Oh."

A pause.

"**Ich** don't see **die Idee** **von** going **in die Stadt**," broke **aus** Tom savagely. "Women **bekommen** these notions **in** their heads —"

"Shall we take anything to drink?" called Daisy **von einem** upper window.

"**Ich werde holen** **etwas** whisky," answered Tom. He **ging** inside.

Gatsby **drehte** to me rigidly:

"**Ich kann nicht sagen sagen** anything **in** his **Haus**, old sport."

"She **ist** got an indiscreet voice," **Ich** remarked. "It **ist** full **von** —" **ich** hesitated.

"Her voice **ist** full **von** money," he **sagte** suddenly.

Das war it. **Ich hatte nie** understood before. It **war** full **von** money — **das war** the inexhaustible charm **der** rose **und** fell **in** it, the jingle **davon**, the cymbals' song **davon** … **Hoch in einem** white palace the king's daughter, the golden girl …

Tom **kam aus dem Haus** wrapping a quart bottle **in** a towel, followed **von** Daisy **und** Jordan wearing small tight hats **aus** metallic cloth **und** carrying light capes **über** their arms.

"Shall we **alle gehen in** my car?" suggested Gatsby. He **fühlte** the hot, green leather **des** seat. "**Ich** ought to have left it **in** the shade."

"Is it standard shift?" demanded Tom.

"Yes."

"**Gut**, you take my coupé **und** let me drive your car **in die Stadt**."

The suggestion **war** distasteful **für** Gatsby.

"**Ich** don't think there **hat** much gas," he objected.

"Plenty **von** gas," **sagte** Tom boisterously. He looked **auf** the gauge. "**Und wenn** it runs **aus ich kann** stop **bei** a drugstore. You **können** buy anything **bei** a drugstore nowadays."

A pause followed this apparently pointless remark. Daisy looked **zu** Tom frowning, **und** an indefinable expression, **gleichzeitig** definitely unfamiliar **und** vaguely recognizable, **als ob ich hatte** only heard it described **in** words, passed **über** Gatsby's face.

"**Kommen Sie schon**, Daisy" **sagte** Tom, pressing her **mit** his hand toward Gatsby's car. "**Ich werde** take you **in** this circus wagon."

He opened the door, **aber** she moved **aus** from the circle **seines** arm.

"You take Nick **und** Jordan. We **werden** follow you **in** the coupé."

She **ging** close **zu** Gatsby, touching his coat **mit** her hand. Jordan **und** Tom **und ich** got into the front seat **von** Gatsby's car, Tom pushed the unfamiliar gears tentatively, **und** we shot off into the oppressive heat, leaving them out of sight behind.

"Did you see **das**?" demanded Tom.

"See what?"

He looked **zu** me keenly, realizing **dass** Jordan **und ich mussten** have known **alles** along.

"You think **ich** am pretty dumb, don't you?" he suggested. "Perhaps **ich** am, **aber ich habe** a — almost a second sight, sometimes, **die** tells me what to **tun**. Maybe you don't believe **das**, **aber** science —"

He paused. The immediate contingency overtook him, pulled him **zurück vom Rand von** theoretical abyss.

"**Ich habe gemacht** a small investigation **von** this fellow," he continued. "**Ich** could have gone deeper **wenn ich** had known —"

"Do you mean you **bist gewesen bei** a medium?" inquired Jordan humorously.

"What?" Confused, he staredat us **als** we laughed. "A medium?"

"**Über** Gatsby."

"**Über** Gatsby! **Nein, bin ich nicht. Ich sagte ich hatte** been making a small investigation **seiner** past."

"**Und** you **fandest** he **war** an Oxford man," **sagte** Jordan helpfully.

"An Oxford man!" He **war** incredulous. "**Wie** hell he **ist**! He wears a pink suit."

"Nevertheless he **ist** an Oxford man."

"Oxford, New Mexico," snorted Tom contemptuously, "**oder** something **wie das**."

"Listen, Tom. **Wenn** you **sind solch ein** snob, **warum** did you invite him **zu** lunch?" demanded Jordan crossly.

"Daisy invited him; she **kannte** him before we **waren** married — God knows where!"

We **waren alle** irritable **jetzt mit dem** fading ale, **und** aware **davon** we drove **für** a while **in** silence. **Dann als** Doctor T. J. Eckleburg's faded eyes **kamen** into sight down **die Straße**, **ich** remembered Gatsby's caution **über** gasoline.

"We have got enough to get us **in die Stadt**," **sagte** Tom.

"**Aber** there **ist** a garage **direkt hier**," objected Jordan. "**Ich** don't want to **werden** stalled **in** this baking heat."

Tom threw on both brakes impatiently, **und** we slid **zu einem** abrupt dusty stop **unter** Wilson's **Schild**. **Nach** a moment the proprietor emerged from the interior **seines** establishment **und** gazed hollow-eyed **auf** the car.

"Let us **haben etwas** gas!" cried Tom roughly. "What do you think we stopped **für** — to admire the view?"

"**Ich** am sick," **sagte** Wilson without moving. "Been sick **den ganzen Tag**."

" Was ist los?"

"**Ich** am **ganz** run down."

"**Gut**, shall **ich** help myself?" Tom demanded. "You sounded **gut** enough **am** phone."

Mit an effort Wilson **verließ** the shade **und** support **des** doorway **und**, breathing **schwer**, unscrewed the cap **des** tank. **In** the sunlight his face **war** green.

"I did not mean to interrupt your lunch," he **sagte**. "**Aber ich** need money pretty bad, **und ich** was wondering what you were going to **tun mit** your old car."

"**Wie** do you **finden Sie dieses hier**?" inquired Tom. "**Ich** bought it **letzte** week."

"It **ist** a nice yellow one," **sagte** Wilson, **als** he strained **am** handle.

"Like to buy it?"

“Big chance,” Wilson smiled faintly. “No, **aber ich** could make **etwas** money **auf dem anderen**.”

“What do you want money **für**, **auf einmal**?”

„Ich bin schon zu lange hier. Ich want to get **weg**. My wife **und ich** want to **gehen** West.”

“Your wife does,” exclaimed Tom, startled.

“She has been talking **darüber seit zehn** years.” He rested **für** a moment against the pump, shading his eyes. “**Und jetzt** she is going whether she wants to **oder nicht**. **Ich** am going to get her **weg**.”

The coupé flashed **<u>vorbei</u>** us **mit** a flurry **von Staub und** the flash **einer** waving hand.

“What do **ich** owe you?” demanded Tom harshly.

“**Ich einfach** got wised up **zu** something funny the **<u>letzten</u> zwei Tage**,” remarked Wilson. **„Deshalb möchte ich weg. Das hat** why **ich** been bothering you **über** the car.”

“What do **ich** owe you?”

“Dollar twenty.”

The relentless beating heat was beginning to confuse me **und ich hatte** a bad moment there before **ich** realized **dass** so far his suspicions hadn’t alighted **auf** Tom. He had discovered **dass** Myrtle **hatte so eine Art des Lebens** apart **von ihm in** another **Welt**, **und** the shock **hatte ihn gemacht** physically sick. **Ich** staredat him **und dann** at Tom, who **hatte gemacht** a parallel discovery less **als** an hour before — **und** it occurred **mir dass** there **war** no difference between **Männer**, **in** intelligence **oder** race, **so** profound **wie** the difference between the sick **und <u>den Gesunden</u>**. Wilson **war so** sick **dass** he looked guilty, unforgivably guilty — **als ob** he had **einfach** got some poor girl **mit** child.

“**Ich werde** let you **haben das** car,” **sagte** Tom. “**Ich werde** send it **über** tomorrow afternoon.”

Diese locality **war immer** vaguely disquieting, even **in dem** broad glare **von** afternoon, **und jetzt ich drehte** my head **als** though **ich hatte** been warned **von** something behind. **Über** the ash-heaps the giant eyes **von** Doctor T. J. Eckleburg kept their vigil, **aber ich** perceived, **nach** a moment, **dass** other eyes were regarding us **mit** peculiar intensity from less **als** twenty feet **<u>entfernt</u>**.

In einem der windows **über** the garage the curtains had been moved aside **ein bisschen**, **und** Myrtle Wilson was peering down **auf** the car. **So** engrossed **war** she **dass** she **hatte** no consciousness **von** being observed, **und eine** emotion **nach** another crept into her face **wie** objects into a slowly developing picture. Her expression **war** curiously familiar — it **war** an expression **ich hatte** often seen **auf** women's **Gesichtern**, **aber auf** Myrtle Wilson's face it seemed purposeless **und** inexplicable **bis ich** realized **dass** her eyes, **weit** with jealous terror, were fixed **nicht auf** Tom, **aber auf** Jordan Baker, whom she took to be his wife.

***

There **ist** no confusion **wie** the confusion **eines** simple mind, **und als** we drove **weg** Tom was feeling the hot whips **von** panic. His wife **und** his mistress, **bis** an hour ago secure **und** inviolate, were slipping precipitately from his control. Instinct **machte** him step **auf** the accelerator **mit der** double purpose **von** overtaking Daisy **und** leaving Wilson behind, **und** we sped along toward Astoria **bei fünfzig** miles an hour, **bis**, among the spidery girders **der** elevated, we **kamen** in sight **des** easygoing blue coupé.

"**Jene** big movies around Fiftieth Street **sind** cool," suggested Jordan. "**Ich** love New York **an** summer afternoons **wenn** everyone's **weg**. There **ist** something very sensuous **darüber** — overripe, **als ob alle** sorts **von** funny fruits were going to fall into your hands."

The word "sensuous" had the effect **von** further disquieting Tom, **aber** before he could invent a protest the coupé **kam** to a stop, **und** Daisy signalled us to **anhalten** alongside.

"Where are we going?" she cried.

"How about the movies?"

"It **ist so** hot," she complained. "You **gehen**. We **werden** ride around **und** meet you **danach**." **Mit** an effort her wit rose faintly. "We **werden** meet you **an irgendeiner** corner. **Ich werde sein** the man smoking **zwei** cigarettes."

"We can't argue **darüber hier**," Tom **sagte** impatiently, **als** a truck **gab** out a cursing whistle behind us. "You follow me **zur** south side **von** Central Park, **vor dem** Plaza."

Several times he **drehte** his head **und** looked **zurück** for their car, **und wenn** the traffic delayed them he slowed up **bis** they **kamen** into sight. **Ich** think he **war besorgt** they would dart down a side-street **und hinaus** of his **Leben für immer**.

Aber they **taten** not. **Und** we **alle** took the less explicable step **von** engaging the parlour **einer** suite **in dem** Plaza Hotel.

The prolonged **und** tumultuous argument **der** ended **durch** herding us into **diesen** room eludes me, though **ich habe** a sharp physical memory **die**, **in** the course **davon**, my underwear kept climbing **wie** a damp snake around my legs **und** intermittent beads **von** sweat raced cool across my **Rücken**. The notion originated **mit** Daisy's suggestion **dass** we hire five bathrooms **und** take cold baths, **und dann** assumed **mehr** tangible form **als** "a place to **haben** a mint julep." Each **von** us **sagte** over **und** over that it **war** a "crazy **Idee**" — we **alle** talked **gleichzeitig** to **einem** baffled clerk **und dachten**, **oder** pretended to think, **dass** we were being very funny …

The room **war** large **und** stifling, **und**, though it **war** already four **Uhr**, opening the windows admitted **nur** a gust **von** hot shrubbery **von dem** Park. Daisy **ging** to the mirror **und** stood **mit ihrem Rücken zu** us, fixing her hair.

"It **hat** a swell suite," whispered Jordan respectfully, **und** everyone laughed.

"Open another window," commanded Daisy, without turning around.

"There aren't **keine mehr**."

"**Gut**, we **hätten** better telephone **für** an axe —"

"**Die Sache** to **tun ist** to forget about the heat," **sagte** Tom impatiently. "You make it **zehn** times worse **durch** crabbing **darüber**."

He unrolled the bottle **von** whisky from the towel **und** put it **auf den Tisch**.

"**Warum nicht** let her alone, old sport?" remarked Gatsby. **„Du bist derjenige, der in die Stadt wollte."**

There **war** a moment **von** silence. The **Telefonbuch** slipped from its nail **und** splashed **zu** the floor, whereupon Jordan whispered, "Excuse me" — **aber** this time **niemand** laughed.

"**Ich werde** es aufheben," **Ich** offered.

"**Ich** have got it." Gatsby examined the parted string, muttered "Hum!" **In einer** interested **Weise**, **und** tossed **das Buch auf** a chair.

"**Das ist** a goßartige expression **von** yours, **ist es nicht**?" **sagte** Tom sharply.

"What **ist**?"

"**All dieser** 'old sport' **Geschäft**. Where did you pick **das** up?"

"**Jetzt** see **hier**, Tom," **sagte** Daisy, turning around from the mirror, “**wenn** you are going to make personal remarks **ich** won’t stay **hier** a minute. **Ruf an und** order **etwas** ice **für** the mint julep.”

Als Tom took **hoch** the receiver the compressed heat exploded into sound **und** we were listening to the portentous chords **von** Mendelssohn’s Wedding March from the ballroom below.

“Imagine marrying anybody **in** this heat!” cried Jordan dismally.

“Still — **ich wurde** married **Mitte** June,” Daisy remembered. “Louisville **in** June! Somebody fainted. Who **war** it fainted, Tom?”

“Biloxi,” he answered shortly.

“A man named Biloxi. ‘Blocks’ Biloxi, **und** he **machte** boxes — **das ist** a fact — **und** he **war** from Biloxi, Tennessee.”

“They carried him into my **Haus**,” appended Jordan, “**weil** we lived **nur zwei** doors from the church. **Und** he stayed **drei** weeks, **bis** Daddy **erzählte** him he **musste gehen**. **Der Tag nachdem** he **uns verließ** Daddy died.” **Nach** a moment she added. “**Es gab nicht irgendeine** connection.”

“**Ich** used to know a Bill Biloxi from Memphis,” **Ich** remarked.

“**Das war** his cousin. **Ich kannte** his whole **Familiengeschichte** before he **uns verließ**. He **gab** me an aluminium putter **den** I use **heute**.”

The music had died down **als** the ceremony began **und jetzt** a long cheer floated **in bei** the window, followed **von** intermittent cries **von** “Yea — ea — ea!” **und endlich von** a burst **von** jazz **als** the dancing began.

“We are getting old,” **sagte** Daisy. “**Wenn** we **wären jung** we **hätten** rise **und** dance.”

“Remember Biloxi,” Jordan warned her. “Where did you know him, Tom?”

“Biloxi?” He concentrated **mit** an effort. “**Ich** did not know him. He **war** a friend **von** Daisy’s.”

“He **war** not,” she denied. “**Ich hatte nie** seen him before. He **kam** down **in dem** private car.”

“**Gut**, he **sagte** he **kannte** you. He **sagte** he **war** raised **in** Louisville. Asa Bird brought him around at the **letzten** minute **und fragte** if we **hätten** room **für ihn**.”

Jordan smiled.

“He was probably bumming his **Weg** home. He **erzählte** me he

war president **deines** class **in** Yale."

Tom **und Ich** looked **zueinander** blankly.

"Biloxi?"

"First place, we did not **haben irgendeinen** president —"

Gatsby's foot beat a **kurzes, unruhiges** tattoo **und** Tom eyed him suddenly.

"**Übrigens**, Mr. Gatsby, **ich** understand you **sind** an Oxford man."

"**Nicht** exactly."

"Oh, yes, **ich** understand you **gingen** to Oxford."

"Yes — **ich ging** there."

A pause. **Dann** Tom's voice, incredulous **und** insulting:

"You **mussten** have gone there **etwa** the time Biloxi **ging** to New Haven."

Another pause. A waiter knocked **und kam** in **mit** crushed mint **und** ice **aber** the silence **war** unbroken **durch** his "thank you" **und** the soft closing **der** door. This tremendous detail **war** to be cleared up **letztendlich**.

"**Ich sagte** you **ich ging** there," **sagte** Gatsby.

"**Ich** heard you, **aber ich hatte** like to know **wann**."

"It **war in** nineteen-nineteen, **ich** stayed **nur** five months. **Das ist warum ich kann nicht** really call myself an Oxford man."

Tom glanced around to see **ob** we mirrored his unbelief. **Aber** we were **alle** looking **auf** Gatsby.

"It **war** an opportunity they **gaben** to **manchen der** officers **nach** the armistice," he continued. "We could **gehen zu irgendeiner der** the universities **in** England **oder** France."

Ich wollte aufstehen und ihm auf den Rücken klopfen. Ich hatte eine von diesen renewals **von** complete faith **in** him **die** I had experienced before.

Daisy rose, smiling faintly, **und ging** to **dem Tisch**.

"Open the whisky, Tom," she ordered, "**und ich werde** make you a mint julep. **Dann** you won't seem **so** stupid **zu** yourself … **Schau auf** the mint!"

"Wait a minute," snapped Tom, "**Ich** want to ask Mr. Gatsby **eine weitere** question."

"**Fahren Sie fort**," Gatsby **sagte** politely.

"What kind **einer** row are you trying to **verursachen in** my **Haus** anyhow?"

They **waren** outin the open **letztendlich und** Gatsby **war** content.

"He isn't causing a row," Daisy looked desperately from **einem zum anderen**. "You are causing a row. Please **haben Sie ein bisschen** self-control."

"Self-control!" repeated Tom incredulously. "**Ich** suppose the latest **Sache ist** to sit **zurück und** let Mr. Nobody from Nowhere make love **zu** your wife. **Gut**, **wenn das ist die Idee** you **können** count me out ... Nowadays **Leute** begin by sneering at **Familienleben und Familieninstitutionen**, **und** next they **werden** throw everything overboard **und haben** intermarriage between black **und** white."

Flushed **mit** his impassioned gibberish, he **sah** himself standing alone **auf der letzten** barrier **von** civilization.

"We **sind alle** white **hier**," murmured Jordan.

"**Ich** know **ich** am not very popular. **Ich** don't give big parties. **Ich** suppose you have got to make your **Haus** into a pigsty **in** order to **haben irgendwelche** friends — **in der** modern **Welt**."

Angry **wie ich war**, **wie** we **alle waren**, **ich war** tempted to laugh **wann immer** he opened his mouth. The transition from libertine **zu** prig **war so** complete.

"**Ich** have got something to tell you, old sport —" began Gatsby. **Aber** Daisy guessed at his intention.

"Please don't!" she interrupted **hilflos**. "Please let us **alle gehen** home. **Warum** don't we **alle gehen** home?"

"That has a good **Idee**," **Ich stand auf**. "**Kommen Sie schon,** Tom. Nobody wants a drink."

"**Ich** want to know what Mr. Gatsby **hat** to tell me."

"Your wife doesn't love you," **sagte** Gatsby. "She is **nie** loved you. She loves me."

"You **müssen verrückt sein**!" exclaimed Tom automatically.

Gatsby sprang **zu** his feet, vivid **mit** excitement.

"She **nie** loved you, do you hear?" he cried. "She **nur** married you **weil ich war** poor **und** she **war** tired **von** waiting for **mich**. It **war** a terrible mistake, **aber in** her heart she **nie** loved anyone except me!"

An diesem Punkt Jordan **und ich** tried to **gehen**, **aber** Tom **und** Gatsby insisted **mit** competitive firmness **dass** we remain — **als** though neither **von ihnen hätte** anything to conceal **und** it would be a privilege to partake vicariously of their emotions.

"Sit down, Daisy," Tom's voice groped unsuccessfully **für die** paternal note. "What is been going on? **Ich** want to hear **alles darüber**."

"**Ich sagte** you what has been going on," **sagte** Gatsby. "Going on **seit** five **Jahre** — **und** you did not know."

Tom **drehte sich** to Daisy sharply.

"You have been seeing this fellow **seit** five **Jahren**?"

"**Nicht** seeing," **sagte** Gatsby. "**Nein**, we couldn't meet. **Aber** both **von** us loved **uns gegenseitig die ganze** time, old sport, **und** you did not know. **Ich** used to laugh sometimes" — **aber** there **war kein** laughter **in** his eyes — "to think **dass** you did not know."

„Oh–das ist alles." Tom tapped his thick fingers together **wie** a clergyman **und** leaned **zurück in** his chair.

"You **sind** crazy!" he exploded. "**Ich** can't speak **darüber** what happened five **Jahre** ago, **weil** I did not know Daisy **dann** — **und ich werde verdammt sein wenn ich** see **wie** you got within a mile **von ihr** unless you brought the groceries **zur Hintertür**. **Aber all** the rest **davon ist** a God damned lie. Daisy loved me **als** she married me **und** she loves me **jetzt**."

"**Nein**," **sagte** Gatsby, shaking his head.

"She does, though. The trouble **ist dass** sometimes she gets foolish ideas **in** her head **und** doesn't know what she is doing." He nodded sagely. "**Und** what **ist** more, **ich** love Daisy **auch**. **Ab und zu gehe ich** off **auf** a spree **und** make a fool **von** myself, **aber ich komme immer zurück**, **und in** my heart **ich** love her **die ganze** the time."

"You **sind** revolting," **sagte** Daisy. She **drehte sich** to me, **und** her voice, dropping an octave lower, filled the room **mit** thrilling **Verachtung**: "Do you know **warum** we **verließen** Chicago? **Ich bin** surprised **dass** they did not treat you **zu** the story **dieser kleinen** spree."

Gatsby **ging** over **und** stood beside her.

"Daisy, **das** has **alles vorbei jetzt**," he **sagte** earnestly. "It doesn't matter **nicht mehr**. Tell him **einfach** the truth — **dass** you **nie** loved him — **und** it has **alles** wiped **aus für immer**."

She looked **zu** him blindly. "**Warum** — **wie** could **ich** love him

— possibly?"

"You loved him **nie**."

She hesitated. Her eyes fell **auf** Jordan **und** me **mit einer Art von** appeal, **als** though she realized <u>**letztendlich**</u> what she was doing — **und als** though she had **nie, die ganze Zeit**, intended doing anything **überhaupt**. **Aber** it **war** done **jetzt**. It **war zu** late.

"**Ich** loved him **nie**," she **sagte, mit** perceptible reluctance.

"**Nicht** at Kapiolani?" demanded Tom suddenly.

" Nein."

From the ballroom beneath, muffled **und** suffocating chords were drifting <u>**hinauf**</u> **auf** hot waves **von** air.

"**Nicht an diesem Tag ich** carried you down **von dem** Punch Bowl to keep your shoes dry?" There **war** a husky tenderness **in** his tone … "Daisy?"

"Please don't." Her voice **war** cold, **aber** the rancour **war** gone **davon**. She looked **zu** Gatsby. "There, Jay," she **sagte** — **aber** her hand **als** she tried to light a cigarette was trembling. Suddenly she threw the cigarette **und** the burning match **auf** the carpet.

"Oh, you want **zu** much!" she cried **zu** Gatsby. "**Ich** love you **jetzt** — **ist das nicht** enough? **Ich** can't help what has past." She began to sob **hilflos**. "**Ich** did love him **einmal** — **aber Ich** loved you **auch**."

Gatsby's eyes opened **und** closed.

"You loved me **auch**?" he repeated.

"Even **das ist** a lie," **sagte** Tom savagely. "She did not know you **waren** alive. **Warum** — there has things between Daisy **und** me **die** you <u>**nie wissen werden**</u> know, things **die** neither **von** us **kann jemals** forget."

The words <u>**schienen**</u> to bite physically into Gatsby.

"**Ich** want to speak **zu** Daisy alone," he insisted. "She **ist ganz** excited **jetzt** —"

"Even alone **kann ich nicht sagen ich nie** loved Tom," she admitted **in einer** pitiful voice. "It wouldn't be true."

"**Natürlich** it wouldn't," agreed Tom.

She **drehte** to her husband.

"**Als ob** it mattered **zu** you," she **sagte**.

“**Natürlich** it matters. **Ich** am going to take better care **von dir** from **jetzt an**.”

“You don’t understand,” **sagte** Gatsby, **mit** a touch **von** panic. “You are not going to take care **von ihr** any more.”

“**Ich bin** not?” Tom opened his eyes **weit und** laughed. He could afford to control himself **jetzt.** **“ Warum ist das so?”**

“Daisy’s leaving you.”

“Nonsense.”

“**Ich bin**, though,” she **sagte** with a visible effort.

“She has not leaving me!” Tom’s words suddenly leaned down **über** Gatsby. “Certainly **nicht für einen** common swindler who’d have to steal the ring he put **an** her finger.”

“**Ich** won’t stand **dies**!” cried Daisy. “Oh, please let us **rausgehen**.”

“Who **sind** you, anyhow?” broke **aus** Tom. “You **sind einer von diesem** bunch **der** hangs around **mit** Meyer Wolfshiem — **soviel ich** happen to know. **Ich habe** a **kleine** investigation into your affairs **gemacht** — **und ich werde** carry it further tomorrow.”

“You **können** suit yourself **darüber**, old sport,” **sagte** Gatsby steadily.

“**Ich fand heraus** what your ‘drugstores’ were.” He **drehte sich** to us **und** spoke rapidly. “He **und** this Wolfshiem bought **auf** a lot **von** side-street drugstores **hier und in** Chicago **und** sold grain alcohol **über** the counter. **Das** is **einer von** his **kleinen** stunts. **Ich** picked him **für** a bootlegger the first time **ich sah** him, **und ich war nicht** far wrong.”

“What about it?” **sagte** Gatsby politely. “**Ich** guess your friend Walter Chase **war nicht zu** proud to **kommen** in on it.”

“**Und** you **verließen** him **in** the lurch, **taten Sie es nicht**? You let him **gehen zu** jail **für einen Monat drüben in** New Jersey. God! You ought to hear Walter on the subject **von dir**.”

“He **kam** to us dead broke. He **war** very glad to pick **auf etwas** money, old sport.”

“**Nennen Sie mich nicht** ‘old sport’!” cried Tom. Gatsby **sagte** nothing. “Walter could have you up on the betting laws **auch**, **aber** Wolfshiem scared him into shutting his mouth.”

Dieser unfamiliar yet recognizable **Ausdruck war wieder zurück in** Gatsby’s face.

“**Dieses** drugstore **Geschäft war einfach** small change,” continued Tom slowly, "**aber** you have got something **an jetzt dass** Walter **hat Angst** to tell me **darüber**."

Ich glanced **zu** Daisy, who was staring terrified between Gatsby **und** her husband, **und zu** Jordan, who had begun to balance an invisible **aber auch** absorbing object **auf** the tip **ihres** her chin. **Dann ich drehte mich zurück zu** Gatsby — **und war** startled at his expression. He looked — **und dies** is **gesagt** in **aller** contempt **für die** babbled slander **seines** garden — **als ob** he had "killed a man." **Für** a moment the set **seines** face could be described **auf einfach diese fantastische Weise**.

It passed, **und** he began to talk excitedly **zu** Daisy, denying everything, defending his **Namen** against accusations **die** had not **gemacht worden**. **Aber mit** every word she was drawing further **und** further into herself, **also** he **gab** that **auf**, **und nur** the dead dream fought **weiter als** the afternoon slipped **weg**, trying to touch what **war nicht** longer tangible, struggling unhappily, undespairingly, toward **dieser** lost voice across the room.

The voice begged **wieder** to **gehen**.

"Please, Tom! **Ich** can't stand **dies** any **mehr**."

Her frightened eyes **erzählten** that whatever intentions, whatever courage she **hatte gehabt**, were definitely gone.

"You **zwei** start on home, Daisy," **sagte** Tom. "**In** Mr. Gatsby's car."

She looked **zu** Tom, alarmed **jetzt**, **aber** he insisted **mit** magnanimous **Verachtung**.

"**Mach weiter.** He won't annoy you. **Ich** think he realizes **dass** his presumptuous **kleine** flirtation **ist vorbei**."

They **waren** gone, without a word, snapped **aus**, made accidental, isolated, **wie** ghosts, even from our pity.

Nach a moment Tom **stand auf und** began wrapping the unopened bottle **von** whisky **in** the towel.

"Want **irgendetwas von** this stuff? Jordan? … Nick?"

Ich antwortete nicht.

"Nick?" He **fragte** again.

"What?"

"Want **irgendetwas**?"

"**Nein** … **Ich** remembered **gerade dass** today's my birthday."

Ich war thirty. Before me stretched the portentous, menacing

Straße eines new decade.

It **war** seven **Uhr als** we got into the coupé **mit ihm und starteten** for Long Island. Tom talked incessantly, exulting **und** laughing, **aber** his voice **war** **so** remote from Jordan **und** me **wie die** foreign clamour **auf** the sidewalk **oder** the tumult **des** elevated overhead. **Menschliche** sympathy **hat** its limits, **und** we **waren** content to let **all** their tragic arguments fade **mit der Stadt** lights behind. Thirty — the promise **eines** decade **von** loneliness, a thinning list **von** **alleinstehenden** **Männern** to know, a thinning briefcase **von** enthusiasm, thinning hair. **Aber** there **war** Jordan beside me, who, unlike Daisy, was **auch** wise **immer** to carry **gut**-forgotten **Träume** from age **zu** age. **Als** we passed **über die** dark bridge her wan face fell lazily against my coat's shoulder **und** the formidable stroke **von** thirty died **weg mit dem** reassuring pressure **ihrer** hand.

Also we drove **weiter** toward death through the cooling twilight.

***

The **junge** Greek, Michaelis, who ran the coffee joint beside the ash-heaps **war** the principal witness **bei** the inquest. He had slept through the heat **bis nach** five, **als** he strolled **rüber** **zu** the garage, **und fand** George Wilson sick **in** his **Büro** — really sick, pale **wie** his own pale hair **und** shaking **überall**. Michaelis advised him to **gehen ins Bett**, **aber** Wilson refused, saying **dass** he would miss a lot **des Geschäfts** **wenn** he **es tat**. While his neighbour was trying to persuade him a violent racket broke **aus** overhead.

"**Ich** have got my wife locked **in da oben**," explained Wilson calmly. "She is going to stay there **bis zu dem Tag nach** tomorrow, **und dann** we are going to move **weg**."

Michaelis **war** astonished; they **waren gewesen** neighbours **seit** four **Jahre**, **und** Wilson had **nie** faintly capable **geschienen** **von solch** a statement. Generally he **war einer von** these worn-out **Männern**: **wenn** he was not working, he sat **auf** a chair **in** the doorway **und** stared **auf die Leute und** the cars **die** passed along **die Straße**. **Wenn** anyone spoke **zu** him he invariably laughed **auf eine** agreeable, colourless **Weise**. He **war** his wife's **Mann** and **nicht** his own.

Also naturally Michaelis tried to find **heraus** what had happened, **aber** Wilson wouldn't **sagen** a word — **stattdessen** he began to throw **neugierig**, suspicious glances **auf** his visitor **und** ask him what he had been doing **zu** **bestimmten** times **an bestimmten Tagen**. **Gerade als** the latter was getting uneasy, **manche** workmen **kamen** past the door bound **für** his restaurant, **und** Michaelis took the opportunity to **verschwinden**, intending **zurückzukommen** **später**. **Aber** he **tat es** not. He supposed he forgot to, **das ist alles. Als** he **kam wieder** outside, **kurz nach nach** seven, he **war** reminded **erinnert an** the conversation **weil** he heard Mrs. Wilson's voice, loud **und** scolding, downstairs **in** the garage.

"Beat me!" he heard her cry. "Throw me down **und** beat me, you dirty **kleiner** coward!"

A moment **später** she rushed **hinaus** into the dusk, waving her hands **und** shouting — before he could move from his door **das Geschäft war vorbei**.

The "death car" **wie** the newspapers called it, did not stop; it **kam** out **aus** the gathering darkness, wavered tragically **für** a moment, **und dann** disappeared around the next bend. Mavro Michaelis **war nicht** even sure of its colour — he **erzählte** the first policeman **dass** it **war** light green. The **andere** car, **das eine** going toward New York, **kam** to rest a hundred yards beyond, **und** its driver hurried **zurück zu** where Myrtle Wilson, her **Leben** violently extinguished, knelt **auf der Straße und** mingled her thick dark blood **mit dem Staub**.

Michaelis **und dieser Mann** reached her first, **aber als** they had torn open her shirtwaist, **noch** damp **mit** perspiration, they **sahen** that her **linke** breast was swinging loose **wie** a flap, **und** there **war kein** need to listen **für das Herz** beneath. The mouth **war weit** open **und** ripped **ein bisschen in** the corners, **als** though she had choked **ein bisschen in** giving **auf** the tremendous vitality she had stored **so** long.

***

We **sahen** the **drei oder** four automobiles **und** the crowd **als** we **waren noch** some distance **entfernt**.

"Wreck!" **sagte** Tom. "**Das ist gut. Wilson wird endlich ein kleines Geschäft haben.**"

He slowed down, **aber noch** without **irgendeine** intention **von** stopping, **bis, als** we **kamen** nearer, the hushed, intent **Gesichter der Leute bei** the garage door **machte** him automatically put **auf** the brakes.

"We **werden** take **einen Blick**," he **sagte** doubtfully, "**nur einen Blick**."

Ich became aware **jetzt von einem** hollow, wailing sound **der** issued incessantly from the garage, a sound **der als** we **ausstiegen aus** the coupé **und gingen** toward the door resolved itself into the words "Oh, my God!" uttered over **und** over **in einem** gasping moan.

"**Es gibt manche** bad trouble **hier**," **sagte** Tom excitedly.

He reached **hoch auf** tiptoes **und** peered **über** a circle **von** heads into the garage, **die <u>waren</u>** lit **nur durch ein** yellow light **in einem** swinging metal basket overhead. **Dann** he **machte** a harsh sound **in** his throat, **und mit einem** violent thrusting movement **seiner** powerful arms pushed his **Weg** through.

The circle closed up **wieder mit einem** running murmur **von** expostulation; it **war** a minute before **ich** could see anything **überhaupt**. **Dann** new arrivals deranged **die Linie**, **und** Jordan **und ich wurden** pushed suddenly inside.

Myrtle Wilson's body, wrapped **in** a blanket, **und dann in** another blanket, **als** though she suffered from a chill **in der** hot night, lay **auf** a worktable **bei** the wall, **und** Tom, **mit** his **Rücken zu** us, was bending **darüber**, motionless. Next to him stood a motorcycle policeman taking down names **mit** much sweat **und** correction **in einem kleinen Buch**. **<u>Zuerst</u> ich** couldn't find the source **der hohen**, groaning words **die** echoed clamorously through the bare garage — **dann sah ich** Wilson standing **auf der** raised threshold **seines** his **<u>Büros</u>**, swaying **<u>hin und her</u> und** holding to the doorposts **mit** both hands. **Irgendein Mann** was talking **zu** him **in einer** low voice **und** attempting, from time **zu** time, to lay a hand **auf** his shoulder, **aber** Wilson neither heard nor **sah**. His eyes would drop slowly **von dem** swinging light **zum** laden **Tisch bei** the wall, **und dann** jerk **zurück zu** the light **wieder**, **und** he **gab** out incessantly his **hohen**, horrible call:

"Oh, my Ga-od! Oh, my Ga-od! Oh, Ga-od! Oh, my Ga-od!"

Presently Tom lifted his head **mit** a jerk **und**, **nach** staring around the garage **mit** glazed eyes, addressed a mumbled incoherent remark **zu** the policeman.

"M-a-v —" the policeman was saying, "—o —"

"**Nein**, r —" corrected **der Mann**, "M-a-v-r-o —"

"Listen **zu** me!" muttered Tom fiercely.

"r —" **sagte** the policeman, "o —"

"g —"

"g —" He looked **hoch als** Tom's broad hand fell sharply **auf** his shoulder. "What you want, fella?"

"What happened? — **das ist** what **ich** want to know."

"Auto hit her. Ins'antly killed."

"Instantly killed," repeated Tom, staring.

"She ran **hinaus** ina **Straße**. Son-of-a-bitch did not even stopus car."

"There **waren zwei** cars," **sagte** Michaelis, "**eins** comin', **eins** going', see?"

"Going where?" **fragte** the policeman keenly.

"**Eins** going' each **Richtung**. **Gut**, she" — his hand rose toward the blankets **aber** stopped halfway **und** fell **zu** his side — "she ran **hinaus** there an' the **eine** comin' from N'york knock **rechts in sie**, going' thirty **oder** forty **Meilen** an hour."

"What **ist der Name dieses** place **hier**?" demanded the officer.

"Hasn't got **irgendeinen Namen**."

A pale **gut**-dressed negro stepped near.

"It **war** a yellow car," **sagte er**, "big yellow car. New."

"See the accident?" **fragte** the policeman.

"**Nein**, **aber** the car passed me **die Straße hinunter**, going faster'n forty. Going **fünfzig**, sixty."

"**Kommen Sie her und** let us **haben** your **Namen**. **Pass jetzt auf. Ich** want to **bekommen** his **Namen**."

Manche words **dieser** conversation **muss** have reached Wilson, swaying **in der Bürotür**, **weil** suddenly a new theme **fand** voice among his grasping cries:

"You **musst nicht** tell me what kind **von** car it **war**! **Ich** know what kind **von** car it **war**!"

Watching Tom, **ich sah** the wad **von** muscle back **von** his shoulder tighten **unter** his coat. He **ging** quickly **rüber zu** Wilson **und**, standing **vor ihm**, seized him firmly **bei den** upper arms.

"You have got to pull yourself **zusammen**," **sagte er** with soothing gruffness.

Wilson's eyes fell upon Tom; he started up **auf** his tiptoes **und dann** would have collapsed **zu** his knees **hätte nicht** Tom held him upright.

"Listen," **sagte** Tom, shaking him a **ein bisschen**. "**Ich gerade** got **hier** a minute ago, from New York. **Ich** was bringing you **diesen** coupé we have been talking about. **Dieses** yellow car **ich** was driving this afternoon **war nicht** mine — do you hear? **Ich** haven't seen it **den ganzen** afternoon."

Nur the negro **und ich waren** near enough to hear what he **sagte**, **aber** the policeman caught something **in** the tone **und** looked **rüber mit** truculent eyes.

„Was ist das alles?" he demanded.

"**Ich bin** a friend **von** his." Tom **drehte** his head **aber** kept his hands firm **auf** Wilson's body. "He says he knows the car **das es tat** … It **war** a yellow car."

Irgendein dim impulse moved the policeman to **schauen** suspiciously **zu** Tom.

"**Und** what colour's your car?"

"It **ist** a blue car, a coupé."

"We **sind gekommen** straight from New York," **sagte ich**.

Someone who had been driving **ein bisschen** behind us confirmed **dies**, **und** the policeman **drehte sich** away.

"**Jetzt**, **wenn** you **werden** let me **haben diesen Namen noch einmal** correct —"

Picking **hoch** Wilson **wie** a doll, Tom carried him **in das Büro**, set him down **auf einen Stuhl**, **und kam** back.

"**Wenn** somebody **hierher kommen wird und** sit **mit ihm**," he snapped authoritatively. He watched while the **zwei Männer** standing closest glanced **zu** each other **und ging** unwillingly into the room. **Dann** Tom shut the door on them **und kam** down the **einzige** step, his eyes avoiding **den Tisch**. **Als** he passed close **zu** me he whispered: "Let us **abhauen**."

Self-consciously, **mit** his authoritative arms breaking **den Weg**, we pushed through the **immer noch** gathering crowd, passing a hurried doctor, case **in** hand, who had been sent for **in wilder** hope half an hour ago.

Tom drove slowly **bis** we **waren** beyond the bend — **dann** his foot **kamen** down hard, **und** the coupé raced along through the night. **In einer kleinen** while **ich** heard a low husky sob, **und sah** that the tears were overflowing down his face.

"The God damned coward!" he whimpered. "He did not even stop his car."

***

The Buchanans' **Haus** floated suddenly toward us through the dark rustling **Bäume**. Tom stopped beside the porch **und** looked **hoch zum** second floor, where **zwei** windows bloomed **mit** light among the vines.

"Daisy's home," **sagte er**. **Als** we **ausstiegen aus** the car he glanced **zu** me **und** frowned slightly.

"**Ich** ought to have dropped you **in** West Egg, Nick. There has nothing we **können tun** tonight."

A change **ist gekommen über ihn**, **und** he spoke gravely, **und mit** decision. **Als** we **gingen** across the moonlight gravel **zu** the porch he disposed **von** the situation **in wenigen** brisk phrases.

"**Ich werde** telephone **für** a taxi to take you home, **und** while you are waiting you **und** Jordan better **gehen in** the kitchen **und** **hab** them **besorgen** you **etwas** supper — **wenn** you want **irgendetwas**." He opened the door. **" Kommen Sie herein."**

"**Nein**, thanks. **Aber ich** would be glad **wenn** you would order me the taxi. **Ich werde** wait outside."

Jordan put her hand **auf** my arm.

"Won't you **kommen herein**, Nick?"

"**Nein**, thanks."

Ich was feeling a **ein bisschen** sick **und ich wollte allein sein. Aber** Jordan lingered **für** a moment **mehr**.

"It **ist nur** half-past nine," **sagte sie**.

Ich had be damned **wenn ich** would **gehen hinein**; **ich hatte gehabt** enough **von allen für einen Tag**, **und** suddenly **das** included Jordan **auch**. She **musste** have seen something **von dem in** my expression, **weil** she **drehte sich** abruptly **weg und** ran **hoch** the porch steps **in das Haus**. **Ich** sat down **für ein paar** minutes **mit** my head **in** my hands, **bis ich** heard the phone taken up inside **und** the butler's voice calling a taxi. **Dann ich ging** slowly down the drive **weg von dem Haus**, intending to wait **bei** the gate.

Ich hadn't gone **zwanzig** yards **als ich** heard my **Namen und** Gatsby stepped from between **zwei** bushes into the path. **Ich muss mich gefühlt haben** pretty weird **zu dieser Zeit**, **weil ich** could think **an** nothing except the luminosity **seines** pink suit **unter** the moon.

"What are you doing?" **Ich** inquired.

"**Einfach** standing **hier**, old sport."

Somehow, **das schien** a despicable occupation. **Für alles ich wusste** he was going to rob **das Haus in** a moment; **ich** wouldn't have been surprised to see sinister **Gesichter**, **die Gesichter von** "Wolfshiem's **Leute**," behind him **in dem** dark shrubbery.

"Did you see **irgendwelche** trouble **unterwegs**?" **fragte er** after a minute.

"Yes."

He hesitated.

"Was she killed?" "Yes."

"**Ich dachte mir das; Ich sagte Daisy, dass ich das dachte.** It **ist** better **dass** the shock should **ganz kommen auf einmal**. She stood it pretty **gut**."

He spoke **als ob** Daisy's **Reaktion** was the **einzige Sache die** mattered.

"**Ich** got **zu** West Egg **durch** a side **Straße**," he **fuhr weiter**, "**und ließ** the car **in** my garage. **Ich** don't think anybody **sah** us, **aber natürlich ich kann nicht sein** sure."

Ich disliked him **so sehr inzwischen dass** I did not find it necessary to tell him he **war** wrong.

"Who **war** the woman?" he inquired.

"Her **Name war** Wilson. Her husband owns the garage. **Wie** the devil did it happen?"

"**Gut**, **Ich** tried to swing the wheel —" He broke off, **und** suddenly **ich** guessed **erriet** the truth.

"Was Daisy driving?"

"Yes," **sagte er** after a moment, "**aber natürlich ich werde sagen ich war**. You see, **als** we **verließen** New York she **war** very nervous **und** she **dachte** it would steady her to drive — **und** this woman rushed **hinaus** at us **gerade als** we were passing a car coming the **andere Richtung**. It **alles** happened **in** a minute, **aber** it **schien** to me **dass** she **wollte** to speak **zu** us, **dachte** we **wären** somebody she **kannte**. **Gut**, first Daisy **lenkte** away from the woman toward the **anderen** car, **und dann** she lost her nerve **und lenkte** back. The second my hand reached the wheel **ich fühlte** the shock — it **musste** have killed her instantly."

"It ripped her open —"

"Don't tell me, old sport." He winced. "Anyhow — Daisy stepped on it. **Ich** tried to make her stop, **aber** she couldn't, **also ich** pulled **an** the emergency brake. **Dann** she fell **über** into my lap **und Ich** drove **weiter**.

"She **wird sein in Ordnung** tomorrow," **sagte er** presently. "**Ich werde einfach** wait **hier und** see **ob** he tries to bother her **über diese** unpleasantness this afternoon. She is locked herself into her room, **und wenn** he tries **irgendeine** brutality she is going to turn the light **aus und an wieder**."

"He won't touch her," **ich sagte ich**. "He is not thinking **an sie**."

"**Ich** don't trust him, old sport." "**Wie** long are you going to wait?"

“**Die ganze** night, **wenn** necessary. Anyhow, **bis** they **alle gehen ins Bett**.”

A new **Perspektive** occurred **zu** me. Suppose Tom **fand** out **dass** Daisy had been driving. He might think he **sah** a connection **in** it — he might think anything. **Ich** looked **zu dem Haus**; there **waren zwei oder drei** bright windows downstairs **und** the pink glow from Daisy’s room **in** the ground floor.

“You wait **hier**,” **sagte ich**. “**Ich werde** see **ob** there **ist irgendein Zeichen einer** a commotion.”

Ich ging zurück along the border **des** the lawn, traversed the gravel softly, **und** tiptoed **hoch** the veranda steps. The drawing-room curtains **waren** open, **und ich sah dass** the room **war** empty. Crossing the porch where we had dined **diese** June night **drei** months before, **ich kam zu einem** small rectangle **von** light **welches ich** guessed **war** the pantry window. The blind **war** drawn, **aber ich fand** a rift **bei** the sill.

Daisy **und** Tom were sitting opposite each other **am Küchentisch**, **mit** a plate **von** cold fried chicken between them, **und zwei** bottles **von** ale. He was talking intently across **den Tisch zu** her, **und in** his earnestness his hand had fallen upon **und** covered her own. **Ab und zu** she looked **hoch zu** him **und** nodded **in** agreement.

They weren’t happy, **und** neither **von ihnen** had touched the chicken **oder** the ale — **und** yet they weren’t unhappy either. There **war** an unmistakable air **von** natural intimacy about the picture, **und** anybody would **gesagt haben dass** they were conspiring **zusammen**.

Als ich tiptoed from the porch **ich** heard my taxi feeling its **Weg** along the dark **Straße** toward **das Haus**. Gatsby was waiting where **ich hatte verlassen** him **in** the drive.

“Is it **ganz** quiet **da oben** there?” **fragte er** anxiously.

“Yes, it **ist ganz** quiet.” **Ich** hesitated. “You would better **kommen** home **und bekommen etwas** sleep.”

He shook his head.

“**Ich** want to wait **hier bis** Daisy goes **ins Bett**. Good night, old sport.”

He put his hands **in** his coat pockets **und drehte sich** back eagerly **zu** his scrutiny **des Hauses**, **als** though my presence marred the sacredness **der** vigil. **Also ging ich weg und ließ** him standing there **in** the moonlight — watching over nothing.

weeve

Chapter 7

German	Pronunciation	English
bin	bi:n	did
erschienen	əʀʃi:nən	turned
hinüber	hi:ny:bɐ	over
sehr	ze:ʀ	rather
machen	mɑ:xən	do
in	i:n	at/in
am	ɑ:m	at/on
an der Grenze	ɑ:n dəʀ kʀənt͡sə	on the edge/ frontier
zu Boden	t͡su: bo:dən	to the floor
umher	u:mhɐ	near by
zu	t͡su:	too/to
Deal	de:ɑ:l	deal
verlaß	fəʀlɑ:s	left
Komm zu	kɔm t͡su:	come to
auf	auf	at/on
geglaubt an	gɛklaʊbt ɑ:n	believed in
warum	vɑ:ʀu:m	because/why
einzige	aɪnt͡si:çə	single
sodass	zo:das	so that
sieht aus	zi:t aus	look
Vater	fɑ:tɐ	father

weeve

Chapter 7

German	Pronunciation	English
Komm	kɔm	come
Jahr	jɑːʀ	year
einen Blick	ainən plɪk	a look
direkt	diːʀɛkt	right/directly
Grenze	kʀənt͡sə	limit
da draußen	dɑː tʀausən	out there
hatten	hatən	had
tun	tuːn	do
mit	miːt	with
Sei nicht	zai nɪxt	don't be
siehst aus	zɪst aus	look
hatte erzählt	hateː əʀt͡sɛlt	had told
Alles klar	aleːs klɑːʀ	all right
ein	ain	in
Niemand	niːmant	no one
Weise	vaisə	way/manner
werden	vəʀdən	get/become
Ungefähr ein Viertel	uːŋeːfeːʀ ain fɪʀteːl	about a quarter
die Idee	diː iːdeːə	the idea
bekommen	beːkɔmən	get
Ich werde holen	iːx vəʀdeː hoːlən	i will get/take

weeve

Chapter 7

German	Pronunciation	English
etwas	ɛtvɑːs	some
fühlte	fʏltə	felt
für	fyːʀ	to/for
gleichzeitig	klaɪxt͡saitiːk	at once
seines	zaineːs	of
vom Rand	foːm ʀant	from the edge
bei	bai	to/at
fandest	fandɛst	found
warum	vɑːʀuːm	why
direkt	diːʀɛkt	right
werden	vəʀdən	get
Schild	ʃilt	sign
ganz	gant͡s	all/entirely
finden Sie	fɪndən siːə	like/find
vorbei	fɔʀbai	by
letzten	lɛt͡stən	last
den Gesunden	dən geːsʊndən	the well
entfernt	əntfəʀnt	away
Gesichtern	geːsɪxtəʀn	faces
weit	vait	wide
anhalten	ɑːnhaltən	draw up
danach	dɑːnɑːx	after

weeve

Chapter 7

German	Pronunciation	English
besorgt	be:sɔʀgt	afraid
taten	tɑ:tən	did
Rücken	ʀʏkən	back
Idee	i:de:ə	idea
einem	aine:m	a
nur	nu:ʀ	only
mit ihrem	mi:t i:ʀe:m	with her
hätten	hæ:tən	had
es aufheben	e:s aufhe:bən	pick it up
goßartige	go:saʀti:gə	great
Ruf an	ʀu:f ɑ:n	call up
nur	nu:ʀ	just/only
uns verließ	ʊns fəʀli:s	left us
irgendeine	ɪʀgəndainə	any
Familien-geschichte	fɑ:mi:li:ŋe:ʃɪxtə	family history
wären	væ:ʀən	were
jung	jʊŋk	young
deines	daine:s	of
zueinander	t͡su:ainandɐ	at each other
irgendeinen	ɪʀgəndainən	any
unruhiges	ʊnʀu:i:çe:s	restless

Chapter 7

German	Pronunciation	English
Übrigens	ʏᴘʀi:çəns	by the way
letztendlich	lɛt͡stəntli:x	at last
ob	o:p	if/whether
manchen	manxən	some
Schau	ʃau	look
weitere	vaitəʀə	more/further
Fahren Sie fort	fɑ:ʀən si: fɔʀt	go on/continue
verursachen	fəʀʊʀsɑ:xən	because/cause
Familienleben	fɑ:mi:lɪnle:bən	family life
Familien-institutionen	fɑ:mi̯li:nɪn-sti:tu:tsi:o:nən	family institutions
hilflos	hɪlflo:s	helplessly
müssen verrückt sein	mʏsən fəʀʀʏkt sain	must be crazy
mich	mi:x	me
Nein	nain	no
uns gegenseitig	ʊns ge:gənsaiti:k	each other
kein	kain	no
Hintertür	hɪntəʀty:ʀ	back door
gehe ich	ge:e: i:x	i go
komme immer	kɔme: ɪmɐ	always come
Verachtung	fəʀaxtʊŋk	scorn
verließen	fəʀli:sən	left

weeve

Chapter 7

German	Pronunciation	English
letztendlich	lɛt͡stəntli:x	at
hinauf	hi:nauf	up
nie wissen werden	ni: vɪsən vəʀdən	will never know
schienen	ʃi:nən	seemed
bin	bi:n	am
rausgehen	ʀaʊsge:ən	get out
soviel	zo:fi:l	that much
für einen Monat	fy:ʀ ainən mo:nɑ:t	for a month
Ausdruck	aʊstʀʊk	look/expression
hat Angst	hɑ:t aŋst	is afraid
aller	alɐ	all
die	di:ə	that/which
gemacht worden	ge:maxt vɔʀdən	been made
weiter	vaitɐ	on/weiter
nicht	nɪxt	no
erzählten	əʀt͡sɛltən	told
irgendetwas	ɪʀgəndɛtvɑ:s	any
so	zo:	as/so
Menschliche	mənʃli:xə	human
alleinstehenden	alaɪnste:əndən	single
Träume	tʀo:y:mə	dreams
weiter	vaitɐ	on/further

weeve

Chapter 7

German	Pronunciation	English
junge	juːŋə	young
rüber	ʀyːbɐ	over
des Geschäfts	deːs geːʃæːfts	of business
geschienen	geːʃiːnən	seemed
Mann	man	man
stattdessen	ʃtatdɛsən	instead
neugierig	noːyːgiːʀiːk	curious
bestimmten	bɛstɪmtən	certain
verschwinden	fəʀʃvɪndən	get away
zurückzukommen	t͡suːʀʏkt͡suːkɔmən	to come back
erinnert an	əʀɪnəʀt ɑːn	reminded of
aus	aus	of/out
sahen	zɑːən	saw
linke	lɪŋkə	left
für das Herz	fyːʀ dɑːs həʀt͡s	for the heart
Gesichter	geːsɪxtɐ	faces
ausstiegen	aʊstiːeːgən	got out
Es gibt	eːs gɪbt	there is
waren	vɑːʀən	was
Zuerst	t͡suːəʀst	at first
Büros	byːʀoːs	office
hin und her	hiːn ʊnd hɐ	back and forth

weeve

Chapter 7

German	Pronunciation	English
Richtung	ʀɪxtʊŋk	way/direction
rechts	ʀɛxts	right
Meilen	mailən	miles
die Straße hinunter	di: stʀɑ:se: hi:nʊntɐ	down the road
weil	vail	for/because
Irgendein	ɪʀgəndain	some/any
schauen	ʃauən	look
auf einen Stuhl	auf ainən stu:l	in a chair
hierher kommen wird	hi:ʀhəʀ kɔmən vɪʀt	will come here
abhauen	ɑ:fauən	get out
hab	hɑ:p	have
besorgen	be:sɔʀgən	get
musste	mʊstə	must
zwanzig	t͡svant͡si:k	twenty
das schien	dɑ:s ʃi:n	that seemed
unterwegs	ʊntəʀvɛgs	on the road
Reaktion	ʀe:akt͡si:o:n	reaction
einzige	aɪnt͡si:çə	only
ließ	li:s	left
inzwischen	ɪnt͡svi:ʃən	by this time
erriet	əʀʀi:t	guessed at

weeve

Chapter 7

German	Pronunciation	English
schien	ʃi:n	seemed
wollte	vɔltə	wanted
lenkte	ləŋktə	turned
Perspektive	pəʀspɛkti:fə	point of view
in	i:n	on/in
Zeichen	t͡saixən	sign
welches	vɛlxe:s	which
Küchentisch	ky:xənti:ʃ	kitchen table
ich hatte verlassen	i:x hate: fəʀlasən	i had left
des Hauses	de:s hause:s	of the house

8

"When asked "Dr. McQuillan I need to take the TOEFL test in 6 months, what should I do?". The first thing I ask them is "How much time do you have to spend?" and they'll say "Oh, I have 2 to 3 hours to spend per day" and I'll say "Great, you should spend that time reading. All 3 hours." – Jeff McQuillan, senior researcher at Center for Educational Development, Inc.

Ich couldn't sleep **die ganze** night; a foghorn was groaning incessantly on the Sound, **und ich** tossed half-sick between grotesque reality **und** savage, frightening **Träumen**. Toward dawn **ich** heard a taxi **hochfahren** Gatsby's drive, **und** immediately **ich** jumped **aus dem Bett und** began to dress — **ich fühlte dass** I **hatte** something to tell him, something to warn him about, **und am Morgen** would be **zu** late.

Crossing his lawn, **ich sah dass** his front door **war immer noch** open **und** he was leaning against **einen Tisch in** the hall, heavy **mit** dejection **oder** sleep.

"Nothing happened," **sagte er** wanly. "**Ich** waited, **und etwa vier Uhr** she **kam** to the window **und** stood there **für** a minute **und dann machte aus** the light."

His **Haus** had **nie geschienen** so enormous **zu** me **wie** it **tat** that night **als** we hunted through the **großen Zimmer für** cigarettes. We pushed aside curtains **die waren wie** pavilions, **und fühlten** over innumerable feet **von** dark wall **für** electric light switches — **einmal ich** tumbled **mit einer Art von** splash upon the keys **eines** ghostly piano. There **war** an inexplicable amount **von Staub** everywhere, **und die Räume waren** musty, **als** though they **hatten nicht** been aired **seit vielen** days. **Ich fand** the humidor **auf einem** unfamiliar **Tisch**, **mit zwei** stale, dry cigarettes inside. Throwing open the French windows **des** drawing-room, we sat smoking **hinaus** into the darkness.

"You ought to **gehen weg**," **sagte ich**. "It **ist** pretty **<u>sicher</u>** they **werden** trace your car."

"**Gehen Sie weg jetzt**, old sport?"

"**Gehen Sie nach** Atlantic City **für** a week, **oder hoch nach** Montreal."

He wouldn't consider it. He **<u>konnte nicht</u>** possibly leave Daisy **bis** he **wusste** what she was going to **tun**. He was clutching **an etwas letzte** hope **und ich** couldn't bear to shake him free.

It **war** this night that he **erzählte** me the strange story **seiner** youth **mit** Dan Cody — **erzählte** it **zu** me **weil** "Jay Gatsby" had broken **auf wie** glass against Tom's hard malice, **und** the long **<u>geheime</u>** extravaganza **war** played **aus**. **Ich** think **dass** he would have acknowledged anything **jetzt**, without reserve, **aber** he **wollte** talk **über** Daisy.

She **war** the first "nice" girl he had **jemals** known. **In <u>verschiedenen</u>** unrevealed capacities he **war gekommen in** contact **mit solchen Leuten**, **aber immer mit** indiscernible barbed wire between. He **fand** her excitingly desirable. He **ging** to her **Haus**, **zuerst mit anderen** officers from Camp Taylor, **dann <u>allein</u>**. It amazed him — he had **nie** been **in solch** a beautiful **Haus** before. **Aber** what **gab** it an air **von** breathless intensity, was **dass** Daisy lived there — it **war so** casual **ein Ding zu** her **wie** his tent **<u>draußen</u> beim** camp **war zu** him. There **war** a ripe mystery **darüber**, a hint **von** bedrooms upstairs **mehr** beautiful **und** cool **als andere** bedrooms, **von** gay **und** radiant activities taking place through its corridors, **und von** romances **die waren nicht** musty **und** laid **weg** already **in** lavender **<u>sondern</u>** fresh **und** breathing **und** redolent of this year's shining motorcars **und von** dances whose flowers **waren** scarcely withered. It excited him, **auch**, **dass** many **Männer** had already loved Daisy — it increased her value **in** his eyes. He **fühlte** their presence **in dem ganzen Haus**, pervading the air **mit** the shades **und** echoes **von immer noch** vibrant emotions.

Aber he **wusste** that he **war in** Daisy's **Haus durch einen** colossal accident. However glorious might be his future **als** Jay Gatsby, he **war <u>zurzeit</u>** a penniless **junger Mann** without a past, **und <u>in jedem</u>** moment the invisible cloak **seiner <u>Uniform</u>** might slip from his shoulders. **Also** he **machte** the most **von** his time. He took what he **bekommen konnte**, ravenously **und** unscrupulously — eventually he took Daisy **eine <u>ruhige</u>** October night, took her **weil** he **hatte kein** real **Recht** to touch her hand.

He might have despised himself, **weil** he had certainly taken her **unter** false pretences. **Ich** don't mean **dass** he had traded on his phantom millions, **aber** he had deliberately given Daisy **<u>ein Gefühl</u> von** security; he let her believe **dass** he **war eine Person** from much the same strata **wie** herself — **dass** he **war** fully able to **sorgen für sie**. **Tatsächlich**, he **hatte** **keine** **solchen** facilities — he **hatte keine** comfortable **Familie** standing behind him, **und** he **war** liable at the whim **eines** impersonal government to be blown anywhere **über die Welt**.

Aber he did not despise himself **und** it did not turn **aus wie** he had imagined. He had intended, probably, to **nehmen** what he **konnte** **und gehen** — **aber jetzt** he **fand** that he had committed himself **zu** the following **eines** grail. He **wusste** that Daisy **war außergewöhnlich**, **aber** he did not realize **einfach wie außergewöhnlich** a "nice" girl **könnte sein**. She vanished **in ihr** rich **Haus**, **in ihr** rich, full **Leben**, leaving Gatsby — nothing. He **fühlte sich** married **zu** her, **das war alles**.

Als they met **wieder**, **zwei Tage** later, it **war** Gatsby who **war** breathless, who **war**, somehow, betrayed. Her porch **war** bright **mit dem** bought luxury **von** star-shine; the wicker **des** settee squeaked fashionably **als** she **drehte sich** toward him **und** he kissed her **neugierigen** **und** lovely mouth. She had caught a cold, **und** it **machte** her voice huskier **und mehr** charming **als jemals**, **und** Gatsby **war** overwhelmingly aware **der** youth **und** mystery **die** wealth imprisons **und** preserves, **der** the freshness **von vielen** clothes, **und von** Daisy, gleaming **wie** silver, safe **und** proud above the hot struggles **der** poor.

***

"**Ich** can't describe **Ihnen wie** surprised **ich war** to find **heraus ich** loved her, old sport. **Ich** even hoped **für** a while **dass** she would throw me **über**, **aber** she did not, **weil** she **war in** love **mit mir auch**. She **dachte** **ich wüsste** a lot **weil ich wusste** different things **von ihr** … **Gut**, there **ich war**, way off my ambitions, getting deeper **in** love every minute, **und** **plötzlich** **ich** did not care. What **war** the use **von** doing **tolle** things **wenn ich könnte haben** a better time telling her what **ich** was going to **tun**?"

An dem letzten afternoon before he **ging** abroad, he sat **mit** Daisy **in** his arms **für eine** long, silent time. It **war** a cold fall **Tag**, **mit** fire **in** the room **und** her cheeks flushed. **Ab und zu** she moved **und** he changed his arm **ein bisschen**, **und einmal** he kissed her dark shining hair. The afternoon **hatte gemacht** them tranquil **für** a while, **als ob** to give them a deep memory **für das** long parting the next **Tag** promised. They had **nie** been closer **in** their **Monat** **von** love, nor communicated **mehr** profoundly **miteinander**, **als wenn** she brushed silent lips against his coat's shoulder **oder wenn** he touched **das Ende ihrer** her fingers, gently, **als** though she **wäre** asleep.

***

He **tat** extraordinarily **gut in** the war. He **war** a captain before he **ging** to the front, **und** following the Argonne battles he got his majority **und** the command **der** divisional machine-guns. **Nach** the armistice he tried frantically to get home, **aber** some complication **oder** misunderstanding sent him **zu** Oxford **stattdessen**. He **war** worried **jetzt** — there **war** **ein Merkmal** **von** nervous despair **in** Daisy's letters. She did not see **warum** he **konnte nicht kommen**. She was feeling the pressure **der Welt** outside, **und** she **wollte** see him **und** feel his presence beside her **und** be reassured **dass** she was doing the **das Richtige** **schließlich**.

Weil Daisy **war jung und** her artificial **Welt war** redolent **von** orchids **und** pleasant, cheerful snobbery **und** orchestras **die** set the rhythm **des Jahres**, summing up the sadness **und** suggestiveness **des Lebens in** new tunes. **Die ganze** night the saxophones wailed the hopeless comment **des** "Beale Street Blues" while a hundred pairs **von** golden **und** silver slippers shuffled the shining **Staub**. **Zu der** grey tea hour there **waren stets** **Räume** that throbbed incessantly **mit diesem** low, sweet fever, while fresh **Gesichter** drifted **hier und** there **wie** rose petals blown **von den** sad horns around the floor.

Through this twilight **Universum** Daisy began to move **wieder** **mit der Jahreszeit**; suddenly she was **wieder** keeping half a dozen dates **pro Tag** **mit** half a dozen **Männern**, **und** drowsing asleep **bei** dawn **mit** the beads **und** chiffon **von** an evening-dress tangled among dying orchids **auf** the floor beside her **Bett**. **Und die ganze Zeit** something within her was crying **nach** a decision. She **wollte** her **Leben** shaped **jetzt**, immediately — **und** the decision **musste gemacht werden durch irgendeine** force — **von** love, **von** money, **von** unquestionable practicality — **das war** close at hand.

Diese force took shape **Mitte** **des Frühlings** **mit** the arrival **von** Tom Buchanan. There **war** a wholesome bulkiness about his **Person und** his position, **und** Daisy **war** flattered. Doubtless there **war** a **bestimmter** struggle **und** a **bestimmte** relief. The letter reached Gatsby while he **war immer noch in** Oxford.

***

It **war** dawn **jetzt auf** Long Island **und** we **gingen** about opening the rest **der** windows downstairs, filling **das Haus mit** grey-turning, **Gold**-turning light. The shadow **eines** tree fell abruptly across the dew **und** ghostly birds began to sing among the blue leaves. There **war** a slow, pleasant movement **in** the air, scarcely a wind, promising a cool, lovely **Tag**.

"**Ich** don't think she **jemals** loved him." Gatsby **drehte sich** around from a window **und** looked **zu** me challengingly. "You **musst** remember, old sport, she **war** very excited this afternoon. He **erzählte** her **jene** things **in einer Weise die** frightened her —

die machte it **aussehen als ob ich wäre irgendeine** kind **eines** cheap sharper. **Und** the result **war** she hardly **wusste** what she was saying."

He sat down gloomily.

"**Natürlich** she might have loved him **einfach für** a minute, **wenn** they **waren** first married — **und** loved me **mehr** even **dann**, do you see?"

Suddenly he **kam** out **mit einer neugierigen** remark.

"**In jeden** case," **sagte er**, "it **war einfach** personal."

What **könnten** you make **davon**, except to suspect **irgendeine** intensity **in** his conception **der** affair **die** couldn't be measured?

He **kam** back from France **als** Tom **und** Daisy **waren immer noch auf** their wedding trip, **und machten** a miserable **aber** irresistible journey **nach** Louisville **auf der letzten seines** army pay. He stayed there a week, walking the streets where their footsteps had clicked **zusammen** through the November night **und** revisiting the out-of-the-way places to **welchen** they had driven **in** her white car. **Genauso wie** Daisy's **Haus** had **immer geschienen** to him **mehr** mysterious **und** gay **als andere** houses, so his **Idee von der Stadt** itself, even though she **war** gone from it, was pervaded **mit einer** melancholy beauty.

He **verließ** feeling **dass** if he had searched harder, he might **gefunden haben** her — **dass** he was leaving her behind. The day-coach — he **war** penniless **jetzt** — was hot. He **ging** out **zum** open vestibule **und** sat down **auf** a folding-chair, **und** the station slid **weg und** the backs **von** unfamiliar buildings moved **vorbei**. **Dann hinaus in die** spring fields, where a yellow trolley raced them **für** a minute **mit Leuten darin** who might **einmal** have seen the pale magic **ihres** face along the casual street.

The track curved **und jetzt** it was going **weg** from the sun, **die**, **als** it sank lower, **schien** to spread itself **in** benediction **über die** vanishing **Stadt** where she had drawn her breath. He stretched **aus** his hand desperately **als ob** to snatch **nur** a wisp **von** air, to save a fragment **des** spot **den** she **hatte gemacht** lovely **für ihn**. **Aber** it was **alles** going **vorbei zu** fast **jetzt für** his blurred eyes **und** he **wusste** that he had lost **diesen** part **davon**, the freshest **und** the best, **für immer**.

It **war neun Uhr als** we finished **Frühstück** and **gingen** out **auf** the porch. The night **hatte gemacht** a sharp difference **in dem Wetter und** there **war ein Herbst** flavour **in** the air. The gardener, the **letzte von** Gatsby's former servants, **kam** to the foot **der** steps.

"**Ich** am going to drain the pool **heute**, Mr. Gatsby. Leaves

werden start falling pretty soon, **und dann** there **ist immer** trouble **mit** the pipes."

"**Tu es nicht heute**," Gatsby answered. He **drehte sich** to me apologetically. "You know, old sport, **ich habe nie** used **diesen** pool **den ganzen** summer?"

Ich looked **auf** my watch **und stand auf**.

"Twelve minutes **zu** my train."

Ich wollte nicht gehen in die Stadt. **Ich war nicht** worth a decent stroke **von** work, **aber** it **war mehr als das** — **ich wollte nicht** leave Gatsby. **Ich** missed **diesen** train, **und dann** another, before I could get myself **weg**.

„Ich rufe dich an", sagte ich schließlich.

"Do, old sport."

"**Ich werde** call you **ungefähr** noon."

We **gingen** slowly down the steps.

"**Ich** suppose Daisy **wird** call **auch**." He looked **zu** me anxiously, **als ob** he hoped **ich** would corroborate **dies**.

"**Ich** suppose so."

"**Gut**, goodbye."

We shook hands **und** I started away. **Gerade** before **ich** reached the hedge **ich** remembered something **und drehte mich** around.

"They **sind** a rotten crowd," **Ich** shouted across the lawn. "You **sind** worth the whole damn bunch put **zusammen**."

Ich war immer froh, dass ich das gesagt habe. It **war** the **einzige** compliment **ich jemals gab** him, **weil ich** disapproved of him from beginning **bis Ende**. First he nodded politely, **und dann** his face broke **in dieses** radiant **und** understanding smile, **als ob** we **waren gewesen in** ecstatic cahoots on **diesen** fact **die ganze Zeit**. His **herrlicher** pink rag **eines** suit **machte** a bright spot **von** colour against the white steps, **und ich dachte an** the night **als ich** first **kam** to his ancestral home, **drei** months before. The lawn **und** drive had been crowded **mit den Gesichtern von jenen** who **errieten** his corruption — **und** he had stood **auf jenen** steps, concealing his incorruptible dream, **als** he waved them goodbye.

Ich thanked him **für** his hospitality. We were **immer** thanking him **dafür** — **Ich und** the others.

"Goodbye," **Ich** called. "**Ich** enjoyed **Frühstück**, Gatsby."

***

Oben in der Stadt, **Ich** tried **für** a while to list the quotations **auf eine** interminable amount **von** stock, **dann ich** fell asleep **in** my swivel-chair. **Gerade** before noon the phone woke me, **und** I started up **mit** sweat breaking **aus auf** my forehead. It **war** Jordan Baker; she often **rief mich an zu** this hour **weil** the uncertainty **ihrer** own movements between hotels **und** clubs **und** private houses **machte** her **schwer** to find **<u>auf jeder</u> anderen Weise**. **<u>Gewöhnlich</u>** her voice **kam** over the wire **als** something fresh **und** cool, **als ob** a divot **von einem** green golf-links **war gekommen** sailing **hinein beim Büro** window, **aber heute Morgen** it **schien** harsh **und** dry.

"**Ich habe verlassen** Daisy's **Haus**," **sagte sie**. "**Ich bin in** Hempstead, **und ich** am going down **nach** Southampton this afternoon."

Probably it **war gewesen** tactful to leave Daisy's **Haus**, **aber** the act annoyed me, **und** her next remark **machte** me rigid.

"You weren't **so** nice **zu** me **letzte** night."

"**Wie <u>könnte</u>** it have mattered **dann**?"

Silence **für** a moment. **<u>Dann:</u>**

"However — **ich** want to see you."

"**Ich** want to see you, **auch**."

"Suppose **ich gehe nicht nach** Southampton, **und <u>komme</u> in die Stadt** this afternoon?"

"**Nein** — **ich** don't think this afternoon."

"Very **gut**."

"It **ist** impossible this afternoon. **Verschiedene-"**

We talked **so** for a while, **und dann** abruptly we weren't talking **<u>länger</u>**. **Ich** don't know **<u>welcher</u> von** us hung **auf mit einem** sharp click, **aber ich** know I did not care. **Ich könnte nicht** have talked **zu** her across a tea-table **an diesem Tag wenn ich nie** talked **zu** her **wieder in dieser Welt**.

Ich called Gatsby's **Haus ein paar** minutes **später**, **aber <u>die Leitung</u> war** busy. **Ich** tried four times; **endlich** an exasperated central **erzählte** me the wire was being kept open **für** long distance from Detroit. Taking **heraus** my timetable, **ich** drew a small circle around the **drei**-fifty train. **Dann ich** leaned **zurück in** my chair **und** tried to think. It **war gerade** noon.

***

Als ich passed the ash-heaps **auf** the train **an diesem Morgen ich** had crossed deliberately **auf die andere Seite des** the car. **Ich** supposed there would be a **neugierige** crowd around there **den ganzen Tag mit kleinen** boys searching **nach** dark spots **im Staub, und manche** garrulous **Manner** telling over **und** over what had happened, **bis** it became less **und** less real even **zu** him **und** he **könnte** tell it **nicht länger**, **und** Myrtle Wilson's tragic achievement **war** forgotten. **Jetzt ich** want to **gehen zurück ein bisschen und** tell what happened **bei** the garage **nachdem** we left there the night before.

They **hatten** difficulty **in** locating the sister, Catherine. She **musste** have broken her rule against drinking **diese** night, **weil als** she arrived she **war** stupid **mit** liquor **und** unable to understand **dass** the ambulance had already gone **nach** Flushing. **Als** they convinced her **davon**, she immediately fainted, **als ob das war** the intolerable part **der** affair. Someone, kind **oder neugierig**, took her **in** his car **und** drove her **in** the wake **ihres** sister's body.

Bis long **nach** midnight a changing crowd lapped up against the front **der** garage, while George Wilson rocked himself **zurück und** forth **auf** the couch inside. **Für** a while the door **des Büros war** open, **und** everyone who **kam** into the garage glanced irresistibly through it. **Endlich** someone **sagte** it **war** a shame, **und** closed the door. Michaelis **und** several **andere Männer waren mit ihm**; first, four **oder** five **Männer**, **später zwei oder drei Männer**. **Immer noch später** Michaelis **musste** ask the **letzten** stranger to wait there fifteen minutes **länger**, while he **ging** back **zu** his own place **und machte** a pot of coffee. **Danach**, he stayed there **allein mit** Wilson **bis** dawn.

Etwa um drei Uhr the quality **von** Wilson's incoherent muttering changed — he grew quieter **und** began to talk **über das** yellow car. He announced **dass** he **hätte eine Idee von** finding **heraus** whom the yellow car belonged **zu**, **und dann** he blurted **heraus dass ein paar** months ago his wife **war gekommen aus der Stadt mit** her face bruised **und** her nose swollen.

Aber als he heard himself **sagen dies**, he flinched **und** began to cry "Oh, my God!" **wieder in** his groaning voice. Michaelis **machte** a clumsy attempt to distract him.

"**Wie** long have you been married, George? **Komm schon** there, try **und** sit **ruhig** a minute, **und** answer my question. **Wie** long have you been married?"

"Twelve **Jahre**."

„Hattest du jemals Kinder? Komm schon, George, sit **ruhig** — **ich fragte** you a question. **Hattest du jemals irgendwelche** children?"

The **harten** brown beetles kept thudding against the dull light, **und wann immer** Michaelis heard a car **fahren** tearing along **die Straße** outside it sounded **zu** him **wie** the car **das** hadn't stopped **ein paar** hours before. He did not **mögen** to **gehen** into the garage, **weil** the work bench **war** stained where the body had been lying, **also** he moved uncomfortably around **das Büro** — he **kannte** every object **in** it **vor dem Morgen** — **und** from time **zu** time sat down beside Wilson trying to keep him **mehr** quiet.

"Have you got a church you **gehst zu** sometimes, George? Maybe even **wenn** you **warst nicht gewesen** there **für eine** long time? Maybe **ich könnte anrufen** the church **und besorgen** a priest to **kommen vorbei und** he **könnte** talk **zu** you, see?"

"Don't belong **zu irgendeiner**."

"You ought to **haben** a church, George, **für** times **wie diese**. You **musst** have gone **zu** church **einmal**. Did not you get married **in** a church? Listen, George, listen **zu** me. Did not you get married **in** a church?"

"**Das war** a long time ago."

The effort **von** answering broke the rhythm **seines** rocking — **für** a moment he **war** silent. **Dann** the same half-knowing, half-bewildered **Aussdruck kam** back into his faded eyes.

"**Such in** the drawer there," he **sagte er**, pointing **auf** the desk.

"**Welche** drawer?"

"**Diese** drawer — **diese** one."

Michaelis opened the drawer nearest his hand. There **war** nothing **in** it **außer** a small, expensive **Hundeleine**, **gemacht aus** leather **und** braided silver. It **war** apparently new.

"**Dies?"** he inquired, holding it **hoch**.

Wilson stared **und** nodded.

"**Ich fand** it yesterday afternoon. She tried to tell me **darüber**, **aber ich wusste** it **war** something funny."

"You mean your wife bought it?"

"She **hatte** it wrapped **in** tissue paper **an** her bureau."

Michaelis did not see anything odd **darin**, **und** he **gab** Wilson a dozen reasons **warum** his wife might have bought **die Hundeleine**. **Aber** conceivably Wilson had heard **etwas von** these same explanations before, from Myrtle, **weil** he began saying "Oh, my God!" **wieder in** a whisper — his comforter **ließ** several explanations **in** the air.

“**Dann** he killed her,” **sagte** Wilson. His mouth dropped open suddenly.

“Who **tat es**?”

„Ich habe einen Weg, das herauszufinden.”

“You **bist** morbid, George,” **sagte** his friend. “**Das war** a strain **zu** you **und** you don’t know what you are saying. You **hättest** better try **und** sit quiet **bis zum Morgen**.”

“He murdered her.”

“It **war** an accident, George.”

Wilson shook his head. His eyes narrowed **und** his mouth widened slightly **mit** the ghost **eines** superior “Hm!”

“**Ich** know,” **sagte er** definitely. “**Ich bin einer von** these trusting fellas **und ich** don’t think **irgendeinen** harm **zu** nobody, **aber wenn ich eins weiß ich** know it. It **war der Mann in diesem** car. She ran **hinaus** to speak **zu** him **und** he wouldn’t stop.”

Michaelis had seen **dies** too, **aber** it hadn’t occurred **zu** him **dass** there **war irgendeine** special significance **in** it. He believed **dass** Mrs. Wilson had been running **weg** from her husband, **eher als** trying to stop **irgendein** particular car.

“**Wie konnte** she of been **so**?”

“She **ist** a deep **eine**,” **sagte** Wilson, **als ob das** answered the question. “Ah-h-h —”

He began to rock **wieder**, **und** Michaelis stood twisting the leash **in** his hand.

“Maybe you got **irgendeinen** friend **den** I **könnte** telephone for, George?”

Das war a forlorn hope — he **war** almost sure **dass** Wilson **hatte keinen** friend: there **war nicht** enough **von ihm für** his wife. He **war** glad **ein bisschen später als** he noticed a change **in** the room, a blue quickening **bei** the window, **und** realized **dass** dawn **war nicht** far off. **Ettwa um fünf Uhr** it **war** blue enough outside to snap off the light.

Wilson’s glazed eyes **drehten sich** out **zu** the ash-heaps, where small grey clouds took **an** fantastic shapes **und** scurried **hier und** there **in dem** faint dawn wind.

“**Ich** spoke **zu** her,” he muttered, **nach** a long silence. “**Ich sagte** her she might fool me **aber** she couldn’t fool God. **Ich** took her **zu** the window” — **mit** an effort he got **hoch und ging** to the rear window **und** leaned **mit** his face pressed against it — “**und**

ich sagte 'God knows what you have been doing, everything you have been doing. You may fool me, **aber** you can't fool God!' "

Standing behind him, Michaelis **sah** with a shock **dass** he was looking **auf** the eyes **von** Doctor T. J. Eckleburg, **welche** had **gerade** emerged, pale **und** enormous, **von der** dissolving night.

"God sees everything," repeated Wilson.

"That has an advertisement," Michaelis assured him. Something **machte** him turn **weg** from the window **und schauen zurück** into the room. **Aber** Wilson stood there a long time, his face close **zu** the window pane, nodding into the twilight.

***

Um sechs Uhr Michaelis **war** worn **aus**, **und** grateful **für** the sound **von** a car stopping outside. It **war eins von** the watchers **der** night before who had promised to **kommen zurück**, **also** he cooked **Frühstück für drei**, **welches** he **und** the **andere Mann** ate **zusammen**. Wilson **war** quieter **jetzt**, **und** Michaelis **ging** home to sleep; **als** he awoke four hours **später und** hurried **zurück zu** the garage, Wilson **war** gone.

His movements — he **war** <u>**zu Fuß**</u> foot **die ganze** time — were afterward traced **zu** Port Roosevelt **und dann zu** Gad's Hill, where he bought a sandwich **das** he did not eat, **und** a cup **von** coffee. He **musste gewesen sein** tired **und** walking slowly, **weil** he did not reach Gad's Hill **bis** noon. Thus far there **war keine** difficulty **in** accounting **für** his time — there **war** boys who had seen **ein Mann** "acting **irgendwie** crazy," **und** motorists **auf** whom he stared oddly from the side **von der Straße**. **Dann für drei** hours he disappeared from view. The police, on the strength **von** what he **sagte** to Michaelis, **dass** he "had **einen Weg** of finding **heraus**," supposed **dass** he spent **diese** time going from garage **zu** garage thereabout, inquiring **für ein** yellow car. **Auf der anderen** hand, **kein** garage **Mann** who had seen him **jemals kam** forward, **und** perhaps he **hätte** an easier, surer **Weg** of finding **heraus** what he **wollte** know. <u>**Um halb drei**</u> he **war in** West Egg, where he **fragte** someone **den Weg zu** Gatsby's **Haus**. **Also inzwischen** he **wusste** Gatsby's **Namen**.

***

Um zwei Uhr Gatsby put **an** his bathing-suit **und ließ** word **mit** the butler **dass** if anyone phoned word **war** to be brought **zu** him **zum** pool. He stopped **bei** the garage **für eine** pneumatic mattress **die** had amused his guests during the summer, **und** the chauffeur helped him to pump it **auf**. **Dann** he **gab** instructions **dass** the open car **war nicht** to be taken **hinaus unter jeden** circumstances — **und das war** strange, **weil** the front **rechte** fender needed repair.

Gatsby shouldered the mattress **und** started for the pool. **Einmal** he stopped **und** shifted it **ein bisschen**, **und** the chauffeur **fragte** him **ob** he needed help, **aber** he shook his head **und in** a moment disappeared among the yellowing **Bäumen**.

Keine telephone message arrived, **aber** the butler **ging** without his sleep **und** waited **darauf bis vier Uhr** — **bis** long **nachdem** there **war** anyone to give it **zu wenn** it **kam. Ich habe eine Idee die** Gatsby himself did not believe it would **kommen**, **und** perhaps he **nicht länger** cared. **Wenn das wäre** true he **musste gefühlt haben dass** he had lost the **alte** warm **Welt**, paid a **hohen** price **für** living **zu** long **mit einem einzigen** dream. He **musste** have looked **hoch zu einem** unfamiliar sky through frightening leaves **und** shivered **als** he **fand** what a grotesque **Sache** a rose **ist und wie** raw the sunlight **war** upon the scarcely created grass. A new **Welt**, material without being real, where poor ghosts, breathing **Träume** like air, drifted fortuitously about … **wie diese** ashen, fantastic figure gliding toward him through the amorphous **Bäume**.

The chauffeur — he **war einer von** Wolfshiem's protégés — heard the shots — afterwards he **konnte nur sagen dass** he **hatte nicht gedacht** anything much **über sie**. **Ich** drove from the station directly **zu** Gatsby's **Haus und** my rushing anxiously **hoch** the front steps **war** the first **Sache die** alarmed anyone. **Aber** they **wussten** then, **ich** firmly believe. **Mit** scarcely a word **gesagt**, four **von** us, the chauffeur, butler, gardener, **und ich** hurried down **zu** the pool.

There **war** a faint, barely perceptible movement **des** water **als der** fresh flow from **einem Ende** urged its **Weg** toward the drain **an dem anderen**. **Mit kleinen** ripples **die waren** hardly the shadows **von** waves, the laden mattress moved irregularly down the pool. A small gust **von** wind **die** scarcely corrugated the surface **war** enough to disturb its accidental course **mit** its accidental burden. The touch **eines** cluster **von** leaves revolved it slowly, tracing, **wie** the leg **von** transit, a thin red circle **in** the water.

It **war nachdem** we started with Gatsby toward **das Haus dass** the gardener **sah** Wilson's body **ein bisschen abseits in** the grass, **und** the holocaust **war** complete.

weeve

Chapter 8

German	Pronunciation	English
hochfahren	hɔxfɑːʀən	go up
vier Uhr	fiːʀ uːʀ	four of the clock
großen Zimmer	kʀoːsən t͡sɪmɐ	great rooms
fühlten	fʏltən	felt
die Räume	diː ʀoːyːmə	the rooms
vielen	fiːlən	many
sicher	ziːxɐ	certain
konnte nicht	kɔnteː nɪxt	couldn't
geheime	geːaimə	secret
verschiedenen	fəʀʃiːdənən	various
allein	alain	alone
draußen	tʀausən	out
sondern	zɔndəʀn	but
zurzeit	t͡sʊʀt͡sait	at present
in jedem	iːn jeːdeːm	at any
Uniform	uːniːfɔʀm	uniform
ruhige	ʀuːiːçə	still
ein Gefühl	ain geːfyːl	a sense
keine	kainə	no
Familie	fɑːmiːliːə	family
nehmen	neːmən	take
konnte	kɔntə	could

weeve

Chapter 8

German	Pronunciation	English
könnte sein	kœnte: sain	could be
neugierigen	no:y:gi:ʀi:çən	curious
ich wüsste	i:x vʏstə	i knew
plötzlich	plœt͡sli:x	all of a sudden
Monat	mo:nɑ:t	month
ein Merkmal	ain məʀkmɑ:l	a quality
das Richtige	dɑ:s ʀɪxti:gə	right thing
Räume	ʀo:y:mə	rooms
Universum	u:ni:fəʀsu:m	universe
mit der Jahreszeit	mi:t dəʀ jɑ:ʀɛs͡tsait	with the season
pro Tag	pʀo: tɑ:k	a day
nach	nɑ:x	for/after
des Frühlings	de:s fʀy:lɪŋs	of spring
bestimmter	bɛstɪmtɐ	certain
bestimmte	bɛstɪmtə	certain
aussehen	aʊse:ən	look
irgendeine	ɪʀgəndainə	some/any
könnten	kœntən	could
welchen	vɛlxən	which
gefunden haben	ge:fʊndən hɑ:bən	have found
vorbei	fɔʀbai	by/over
Stadt	ʃtat	city

weeve

Chapter 8

German	Pronunciation	English
Frühstück	fʀʏstʏk	breakfast
ein Herbst	ain həʀbst	an autumn
Tu es nicht	tu: e:s nɪxt	don’t do it
ungefähr	u:ŋe:fe:ʀ	about/ approximately
herrlicher	həʀʀli:xɐ	gorgeous
errieten	əʀʀi:tən	guessed at
auf jeder	auf je:dɐ	in any
Gewöhnlich	ge:vœnli:x	usually
könnte	kœntə	could
Dann :	dan :	then :
komme	kɔmə	come
länger	læ:ŋɐ	any longer
welcher	vɛlxɐ	which
die Leitung	di: laitʊŋk	the line
neugierige	no:y:gi:ʀi:çə	curious
Manner	manɐ	man
länger	læ:ŋɐ	longer
ruhig	ʀu:i:k	still
fahren	fɑ:ʀən	go
gewesen	ge:ve:sən	been
diese	di:sə	this

weeve

Chapter 8

German	Pronunciation	English
Aussdruck	aʊstʀʊk	look
Such	zu:x	look
Hundeleine	hʊnde:lainə	dog-leash
hättest	hæ:tɛst	had
irgendeinen	ɪʀgəndainən	some/any
keinen	kainən	no
Ettwa um fünf Uhr	ɛtvɑ: u:m fʏnf u:ʀ	about five of the clock
zu Fuß	t͡su: fu:s	on foot
Um halb drei	u:m halb tʀai	by half-past two
nicht	nɪxt	no/not
alte	altə	old
wussten	vʊstən	knew

9

"Acquisition, I've described as a subconscious process and subconscious really means two things. First of all, it means while you're acquiring you don't really know you're acquiring. Second, once you're finished acquiring you're not really aware that anything has happened." – Stephen Krashen, expert in linguistics at University of Southern California

Nach zwei Jahren I remember the rest **von diesem Tag, und dieser** night **und** the next **Tag, nur als einen** endless drill **von** police **und** photographers **und** newspaper **Männern** in **und draußen von** Gatsby's front door. A rope stretched across the main gate **und** a policeman by it kept **aus** the **neugierigen, aber kleinen** boys soon discovered **dass** they **konnten** enter through my yard, **und** there **waren immer ein paar von ihnen** clustered open-mouthed **um** the pool. Someone **mit einer** positive manner, perhaps a detective, used the expression "madman" **als** he bent **über** Wilson's body **diesen** afternoon, **und** the adventitious authority **seiner** voice set the key **für** the newspaper reports next **Morgen**.

Most **von jenen** reports **waren** a nightmare — grotesque, circumstantial, eager, **und** untrue. **Als** Michaelis's testimony **bei** the inquest brought to light Wilson's suspicions **von** his wife **ich dachte** the whole tale would shortly be served **auf in** racy pasquinade — **aber** Catherine, who might **hätte gesagt** anything, did not **sagen** a word. She showed a surprising amount **von** character **darüber auch** — looked **zu** the coroner **mit** determined eyes **unter dieser** corrected brow **von** hers, **und** swore **dass** her sister had **nie** seen Gatsby, **dass** her sister **war** completely happy **mit** her husband, **dass** her sister **war gewesen in keinem** mischief whatever. She convinced herself **davon, und** cried into her handkerchief, **als ob** the very suggestion **war mehr als** she **konnte** endure. **So** Wilson **war** reduced **zu einem Mann** "deranged **durch** grief" **in** order **dass** the case might remain **in** its simplest form. **Und** it rested there.

Aber dieser ganze part **davon schien** remote **und** unessential. **Ich fand** myself **an** Gatsby's side, **und allein**. From the moment **ich** telephoned news **von** the catastrophe **zu** West Egg **Dorf**, every surmise **über ihn**, **und** every practical question, was referred **zu** me. **Zuerst war ich** surprised **und** confused; **dann**, **als** he lay **in** his **Haus und** did not move **oder** breathe **oder** speak, hour upon hour, it grew upon me **dass** I **war** responsible, **weil niemand** else **war** interested — interested, **ich** mean, **mit diesem** intense personal interest to **welchem** everyone **hat irgendein** vague **Recht am Ende**.

Ich rief an Daisy half an hour **nachdem** we **fanden** him, called her instinctively **und** without hesitation. **Aber** she **und** Tom had gone **weg** early **diesen** afternoon, **und** taken baggage **mit ihnen**.

"**Hinterließen keine** address?"

"Nein."

"**Sag wenn** they would be **zurück**?"

"Nein."

"**Irgendeine Idee** where they **sind**? **Wie ich könnte** reach them?"

"**Ich** don't know. **Kann ich nicht sagen."**

Ich wollte jemanden für ihn finden. Ich wollte gehen into the room where he lay **und** reassure him: "**ich werde finden** somebody **für dich**, Gatsby. Don't worry. **Einfach** trust me **und ich werde finden** somebody **für dich** —"

Meyer Wolfshiem's **Name war nicht in** the **Telefonbuch**. The butler **gab** me his **Büro** address **am** Broadway, **und ich** called Information, **aber bei** the time **ich hatte** the number it **war** long **nach** five, **und niemand** answered the phone.

"**Wirst** you ring **wieder**?"

"**Ich** have rung **drei** times."

"It **ist** very important."

"Sorry. **Ich fürchte niemand** is there."

Ich ging zurück zu the drawing-room **und dachte für** an instant **dass** they **waren** chance visitors, **all** these official **Leute** who suddenly filled it. **Aber**, though they drew **zurück** the sheet **und** looked **zu** Gatsby **mit** shocked eyes, his protest continued **in** my brain:

"**Schau her**, old sport, you have got to **finden** somebody **für**

mich. You have got to try hard. **Ich kann nicht gehen** through **dies** alone."

Someone **begann** to ask me questions, **aber ich** broke **weg und** going upstairs looked hastily through the unlocked parts **seines** desk — he had **nie erzählt** me definitely **dass** his parents **waren** dead. **Aber** there **war** nothing — **nur** the picture **von** Dan Cody, a token **von** forgotten violence, staring down from the wall.

Next **Morgen ich** sent the butler **nach** New York **mit** a letter **für** Wolfshiem, **welcher fragte** for information **und** urged him to **kommen heraus auf den** next train. **Diese** request **schien** superfluous **als ich** wrote it. **Ich war** sure he had start **als** he **sah** the newspapers, **so wie ich war** sure there would be a wire from Daisy before noon — **aber** neither a wire nor Mr. Wolfshiem arrived; **niemand** arrived except **mehr** police **und** photographers **und** newspaper **Männer**. **Als** the butler brought **zurück** Wolfshiem's answer **ich** began to **haben** a feeling **von** defiance, **von** scornful solidarity between Gatsby **und** me against them **alle**.

Dear Mr. Carraway. **Dies war einer der** most terrible shocks **meines Lebens zu** me **ich** hardly **kann** believe it **dass** it **ist** true **überhaupt**. **Solch** a mad act **wie dieser Mann** did should make us **alle** think. **Ich kann jetzt nicht runterkommen, da ich in eine sehr wichtige Angelegenheit verstrickt bin und mich jetzt nicht in diese Sache einmischen kann. Wenn** there **ist** anything **ich kann tun ein bisschen später** let me know **in** a letter **von** Edgar. **Ich** hardly know where **ich bin wenn ich** hear **über eine Sache wie diese** and **bin** completely knocked down **und** out.

Yours truly

Meyer Wolfshiem

und dann hasty addenda beneath:

Let me know **über** the funeral etc do not know his **Familie überhaupt**.

Als the phone rang **diesen** afternoon **und** Long Distance **sagte** Chicago was calling **ich dachte das** would be Daisy **schließlich**. **Aber** the connection **kam** through **als eine** man's voice, very thin **und** far **weg**.

"**Das ist** Slagle speaking …"

"Yes?" **Der Name war unbekannt.**

"Hell **von** a note, **oder**? Get my wire?"

"There **waren nicht gewesen irgendwelche** wires."

“Young Parke’s **in** trouble,” **sagte er** rapidly. “They picked him **__ab__ als** he handed the bonds **__über den Ladentisch__**. They got a circular from New York giving’em the numbers **nur** five minutes before. What d’you know **darüber**, hey? You **nie können** tell **in** these hick towns —”

“Hello!” **Ich** interrupted breathlessly. “Look here — **dies** isn’t Mr. Gatsby. Mr. Gatsby’s dead.”

There **war** a long silence **an dem anderen Ende der** wire, followed **von** an exclamation … **dann** a **__schnelles__** squawk **als** the connection **war** broken.

***

Ich think it **war an dem** third **Tag dass** a telegram signed Henry C. Gatz arrived **aus einer Stadt in** Minnesota. It **__besagte__** only **dass** the sender was leaving immediately **und** to postpone the funeral **bis** he **kam**.

It **war** Gatsby’s **Vater**, a solemn **__alter Mann__**, very helpless **und** dismayed, **__angezogen__ in einem** long cheap ulster against the warm September **Tag**. His eyes leaked continuously **mit** excitement, **und als ich** took the bag **und** umbrella from his hands he began to pull **so** incessantly **__an__** his sparse grey beard **dass** I **hatte** difficulty **in** getting off his coat. He **war an dem Punkt von** collapse, **also ich** took him into the music-room **und machte** him sit down while **ich** sent **für** something to eat. **Aber** he wouldn’t eat, **und** the glass **von** milk spilled from his trembling hand.

“**Ich sah** it **in der** Chicago newspaper,” **sagte er**. “It **war alles in der** Chicago newspaper. **Ich bin gleich losgefahren.”**

“I did not know **wie** to reach you.”

His eyes, seeing nothing, moved ceaselessly **um** the room.

“It **war** a madman,” **sagte er**. “He **musste verrückt gewesen sein**.”

“Wouldn’t you **mögen etwas** coffee?” **Ich** urged him.

“**Ich** don’t want anything. **Ich bin in Ordnung jetzt**, Mr. —”

“Carraway.”

„Nun, ich bin jetzt in Ordnung. Where have they got Jimmy?”

Ich took him into the drawing-room, where his son lay, **und ließ** him there. **Ein paar kleine** boys **waren gekommen hoch auf** the steps **und** were looking into the hall; **als ich sagte** them who had arrived, they **gingen** reluctantly **weg**.

Nach __**einer kurzen Weile**__ Mr. Gatz opened the door **und kam** out, his mouth ajar, his face flushed slightly, his eyes leaking isolated **und** unpunctual tears. He had reached an age where death **nicht länger** has **die Qualität von** ghastly surprise, **und als** he looked around him **jetzt** __**zum ersten Mal**__ **und sah** the height **und** splendour **der** hall **und** the **großen Zimmer** opening out **davon** into **andere Räume**, his grief began to be mixed **mit einem** awed pride. **Ich** helped him **zu** a bedroom upstairs; while he took off his coat **und** vest **ich erzählte** him **dass** all arrangements had been deferred **bis** he **kam**.

"I did not know what you would want, Mr. Gatsby —"

"Gatz **ist** my **Name**."

"—Mr. Gatz. **Ich dachte** you might want to __**mitnehmen**__ the body West."

He shook his head.

"Jimmy **immer** liked it better down East. He rose **auf zu** his position **in dem** East. Were you a friend **von** my boy's, Mr. —?"

"We **waren** close friends."

"He **hatte** a big future before him, you know. He **war nur** a **junger Mann**, **aber** he **hatte** a lot **von** brain power **hier**."

He touched his head impressively, **und ich** nodded.

"**Wenn** he **hätte** of lived, he would of been a **großer Mann**. **Ein Mann wie** James J. Hill. He would of helped build **auf** __**das Land**__."

"**Das ist** true," **sagte ich**, uncomfortably.

He fumbled **an der** embroidered coverlet, trying to **nehmen** it **von dem Bett**, **und** lay down stiffly — was instantly asleep.

Diese night an obviously frightened **Person rief an**, **und** demanded to know who **ich war** before he would give his **Namen**.

"**Das ist** Mr. Carraway," **sagte ich**.

"Oh!" He sounded relieved. "**Das ist** Klipspringer."

Ich war relieved **auch**, **weil dies schien** to promise another friend **bei** Gatsby's __**Grab**__. I did not want it to be **in** the papers **und** draw a sightseeing crowd, **also ich hatte** been calling up **einige Leute** myself. They **waren schwer** to find.

"The funeral's tomorrow," **sagte ich**. **„Drei Uhr, hier im Haus. Ich** wish you would tell anybody who'd be interested."

"Oh, **ich werde**," he broke **aus** hastily. **„Natürlich werde ich wahrscheinlich niemanden sehen, aber wenn dann doch."**

His tone **machte** me suspicious.

"**Natürlcih** you **werden sein** there yourself."

"**Gut, ich werde** certainly try. What **ich** called up about **ist** —"

"Wait **eine Minute**," **Ich** interrupted. "**Wie wäre es mit** saying you **werden kommen**?"

"**Gut**, the fact **ist** — the truth **der Sache ist dass** I am staying **mit ein paar Leuten hier oben in** Greenwich, **und** they **eher** expect me to be **mit ihnen** tomorrow. **In** fact, there **ist eine Art von** picnic **oder** something. **Natürlich werde ich tun** my best to get **weg.**"

Ich ejaculated an unrestrained "Huh!" **und** he **musste** have heard me, **weil** he **ging** on nervously:

"What **ich** called up about **war** a pair **von** shoes **ich ließ** there. **Ich** wonder **ob** it would be **zu** much trouble to **haben** the butler send them on. You see, they **sind** tennis shoes, **und ich bin irgendwie** helpless without them. My address **ist** care **von** B. F. —"

I did not hear the rest **des Namens**, **weil ich** hung **auf** the receiver.

Danach ich fühlte a **bestimmte** shame **für** Gatsby — **ein** gentleman **zu** whom **ich** telephoned implied **dass** he had got what he deserved. However, **das war** my fault, **weil** he **war einer von jenen** who used to sneer most bitterly **auf** Gatsby on the courage **von** Gatsby's liquor, **und ich** should have known better **als** to call him.

Der Morgen der funeral **ging ich hoch nach** New York to see Meyer Wolfshiem; **ich** couldn't seem to reach him **auf irgendeine andere Weise**. The door **die** I pushed open, **auf den Rat hin von** an elevator boy, was marked "The Swastika Holding Company," **und zuerst** there did not seem to be anyone inside. **Aber als ich** had shouted "hello" several times **in** vain, an argument broke **aus** behind a partition, **und** presently a lovely Jewess appeared **an einer** interior door **und** scrutinized me **mit** black hostile eyes.

"Nobody's **drinnen**," **sagte sie**. "Mr. Wolfshiem's gone **nach** Chicago."

The first part **davon war** obviously untrue, **weil** someone had begun to whistle "The Rosary," tunelessly, inside.

"Please **sagen Sie dass** Mr. Carraway wants to see him."

"**Ich kann nicht** get him **zurück** from Chicago, **kann ich**?"

<u>In diesem Moment</u> a voice, unmistakably Wolfshiem's, called "Stella!" **von der anderen** side **der** door.

"Leave your **Namen auf** the desk," **sagte sie** quickly. "**Ich werde** give it **zu** him **wenn** he gets **zurück**."

"**Aber ich** know he **ist** there."

She took a step toward me **und** began to slide her hands indignantly **auf und** down her hips.

"You **jungen Männer** think you **<u>könnt</u>** force your **Weg hier hinein <u>jederzeit</u>**," she scolded. "We are getting sickantired **davon**. **Wenn <u>ich sage</u>** he **ist in** Chicago, he has **in** Chicago."

Ich mentioned Gatsby.

"Oh-h!" She looked **zu** me over **wieder**. "**Werden** you **einfach** — What **war** your **Name**?"

She vanished. **In** a moment Meyer Wolfshiem stood solemnly **in** the doorway, holding **aus** both hands. He drew me into his **Büro**, remarking **in einer** reverent voice **dass** it **war** a sad time **für alle von** us, **und** offered me a cigar.

"My memory goes **zurück zu** when first **ich** met him," **sagte er**. "A **junger** major **gerade heraus aus** the army **und** covered **über mit** medals he got **in** the war. He **war so** hard up he **musste** keep on wearing his **Uniform** because he couldn't buy **etwas** regular clothes. First time **ich sah** him **war als** he **kam** into Winebrenner's poolroom **in** Forty-third Street **und fragte** for a job. He hadn't eat anything **seit ein paar Tagen**. **„Kommen Sie schon, essen Sie mit mir etwas zu Mittag", sagte ich.** He ate **mehr als** four dollars' worth **von** food **in** half an hour."

"Did you start him **im Geschäft**?" **Ich** inquired.

"Start him! **Ich machte** him."

"Oh."

"**Ich** raised him **hoch aus von** nothing, **direkt aus** of the gutter. **Ich sah sofort** he **war** a fine-appearing, gentlemanly **junger Mann**, **und als** he **erzählte** me he **war in** Oggsford **ich wusste ich könnte** use him good. **Ich** got him to join the American Legion **und** he used to stand **hoch** there. **Sofort** he did some work **für** a client **von** mine **hoch nach** Albany. We **waren so** thick like that in everything" — he held **hoch zwei** bulbous fingers — "**immer zusammen**."

Ich wondered **ob** this partnership had included the World's Series transaction **in** 1919.

"**Jetzt** he **ist** dead," **sagte ich nach** a moment. "You **waren** his closest friend, **also ich** know you **werden** want to **kommen zu** his funeral this afternoon."

"**Ich** would **würde gerne kommen**."

„Na, dann kommen Sie."

The hair **in** his nostrils quivered slightly, **und als** he shook his head his eyes filled **mit** tears.

"**Ich kann es nicht tun** — **ich kann nicht** get mixed up **darin**," **sagte er**.

"There **ist** nothing to get mixed up **in**. **Es ist jetzt alles vorbei."**

"**Wenn ein Mann** gets killed **ich nie mögen** to **werden** mixed up **in** it **in irgendeiner Weise**. **Ich** keep **heraus**. **Als ich war** a **junger Mann** it **war** different — **wenn** a friend **von** mine died, **egal wie**, **ich** stuck **mit ihnen bis zum Ende**. You may think **das ist** sentimental, **aber ich** mean it — **zum** bitter **Ende**."

Ich sah das for some reason **von** his own he **war** determined **nicht** to **kommen**, **also ich** stood **auf**.

"Are you a college man?" he inquired suddenly.

Für a moment **dachte ich** he was going to suggest a "gonnegtion," **aber** he **nur** nodded **und** shook my hand.

"Let us learn to show our friendship **für einen Mann wenn** he **ist** alive **und nicht nachdem** he **ist** dead," he suggested. "**Danach** my own rule **ist** to let everything **allein**."

Als ich verließ his **Büro** the sky **war geworden** dark **und ich** got **zurück zu** West Egg **in** a drizzle. **Nach** changing my clothes **ich ging** next door **und fand** Mr. Gatz walking **auf und** down excitedly **in** the hall. His pride **in** his son **und in** his son's possessions was continually increasing **und jetzt** he **hatte** something to show me.

"Jimmy sent me this picture." He took **heraus** his wallet **mit** trembling fingers. "**Schauen Sie** there."

It **war** a photograph **des Hauses**, cracked **in** the corners **und** dirty **mit vielen** hands. He pointed **aus** every detail **zu** me eagerly. "**Schauen Sie** there!" **und dann** sought admiration from my eyes. He had shown it **so** often **dass** I think it **war mehr** real **zu** him **jetzt als das Haus** itself.

"Jimmy sent it **zu** me. **Ich** think it **ist** a very pretty picture. It shows up **gut**."

"Very **gut**. Had you seen him lately?"

"He come **heraus** to see me **zwei Jahre** ago **und** bought me **das**

Haus ich live **in jetzt. Natürlich** we **waren** broke **auf als** he run off from home, **aber ich** see **jetzt** there **war** a reason **dafür**. He **wusste** he **hatte** a big future **vor ihm. Und immer** **seitdem** he **machte** a success he **war** very generous **mit mir**."

He **schien** reluctant to put **weg** the picture, held it **für** another **Minute**, lingeringly, before my eyes. **Dann** he returned the wallet **und** pulled from his pocket a ragged **alte** copy **eines Buches** called Hopalong Cassidy.

"**Schauen Sie her, das ist ein Buch** he **hatte als** he **war** a boy. It **einfach** shows you."

He opened it **bei dem Rücken** cover **und drehte** it around **für mich** to see. **Auf der letzten** flyleaf **war** printed the word schedule, **und** the date September 12, 1906. **und** underneath:

Rise **aus dem Bett** 6: 00 a.m. Dumbell exercise **und** wall-scaling 6: 15-6: 30" Study electricity, etc. 7: 15-8: 15" Work 8: 30-4: 30 p.m. Baseball **und** sports 4: 30-5: 00" Practise elocution, poise **und wie** to attain it 5: 00-6: 00" Study needed inventions 7: 00-9: 00"

General Resolves

* **Kein** wasting time **bei** Shafters **oder** [**ein Name**, indecipherable]

* **Nicht mehr** smokeing **oder** chewing.

* Bath every **zweiten Tag**

* Read **ein** improving **Buch** **oder** magazine per week

* Save $ 5.00 [**durchgestrichen**] $ 3.00 per week

* Be better **zu** parents

"**Ich kam** across **dieses Buch durch** accident," **sagte** the **alter Mann**. "It **einfach** shows you, don't it?"

"It **einfach** shows you."

"Jimmy **war** bound to get ahead. He **immer hatte manche** resolves **wie diese** or something. Do you notice what he **ist** got about improving his mind? **Dafür war er immer großartig.** He **erzählte** me **ich** et **wie** a hog **einmal, und ich** beat him **dafür**."

He **war** reluctant to close **das Buch**, reading each item aloud **und dann** looking eagerly **zu** me. **Ich** think he **eher** expected me to copy down the list **für** my own use. **Kurz bevor** before **drei** the Lutheran minister arrived from Flushing, **und ich** began to **schauen** involuntarily **aus** the windows **für andere** cars. **Ebenso tat es** Gatsby's **Vater**. **Und als** the time passed **und** the servants **kamen** in **und** stood waiting **in** the hall, his eyes began to blink anxiously, **und** he spoke **von** the rain **in einer** worried, uncertain **Weise**. The minister glanced several times **auf** his watch, **also ich** took him aside **und fragte** him to wait **für** half an hour. **Aber** it **war nicht** any use. Nobody **kam**.

***

Etwa um fünf Uhr our procession **von drei** cars reached the cemetery **und** stopped **in einem** thick drizzle beside the gate — first a motor hearse, horribly black **und <u>nass</u>, dann** Mr. Gatz **und** the minister **und** me **in** the limousine, **und** a **ein bisschen später** four **oder** five servants **und** the postman from West Egg, **in** Gatsby's station wagon, **alle nass** to the skin. **Als** we started through the gate into the cemetery **ich** heard a car stop **und dann** the sound **von** someone splashing **nach** us **über den** soggy ground. **Ich** looked around. It **war der Mann mit** owl-eyed glasses whom **ich hatte gefunden** marvelling **über** Gatsby's books **in** the library **eines** night **drei** months before.

Ich hatte nie seen him **seitdem. Ich** don't know **wie** he **wusste** about the funeral, **oder** even his **Name**. The rain poured down his thick glasses, **und** he took them off **und** wiped them to see the protecting canvas unrolled from Gatsby's **Grab**.

Ich tried to think **<u>an</u>** Gatsby **dann für** a moment, **aber** he **war** already **zu** far **weg, und ich konnte nur** remember, without resentment, **dass** Daisy hadn't sent a message **oder** a flower. Dimly **ich** heard someone murmur "Blessed **sind** the dead **dass** the rain falls on," **und dann** the owl-eyed **Mann sagte** "Amen **dazu**," **in einer** brave voice.

We straggled down quickly through the rain **zu** the cars. Owl-eyes spoke **zu** me **durch** the gate.

„Ich konnte das Haus nicht erreichen", bemerkte er.

"Neither **konnte** anybody else."

" Gehen Sie weiter!" He started. "**Warum**, my God! they used to **gehen** there by the hundreds."

He took off his glasses **und** wiped them **wieder**, outside **und <u>innen</u>**.

"The poor son-of-a-bitch," **sagte er**.

***

<u>Eine meiner</u> most vivid memories **ist von** coming **zurück** West from prep **<u>Schule</u>** and **später <u>vom College</u> <u>zur</u>** Christmas time. **Jene** who **gingen** farther **als** Chicago would gather **in der <u>alten</u>** dim Union Station **um sechs Uhr eines** December evening, **mit ein paar** Chicago friends, already caught up into their own holiday gaieties, to bid them a hasty goodbye. **Ich** remember the fur coats **der** girls returning from Miss This-or-that **ist und** the chatter **von** frozen breath **und** the hands waving overhead **als** we caught sight **von alten** acquaintances, **und** the matchings **von** invitations: "Are you going **zu den** Ordways'? the Herseys'? the Schultzes'?" **und** the long green tickets clasped tight **in** our gloved hands. **Und <u>zuletzt</u>** the murky yellow cars **der** Chicago, Milwaukee **und** St. Paul railroad looking cheerful **wie** Christmas itself **auf** the tracks beside the gate.

Als we pulled **aus** into the winter night **und** the real snow, our snow, began to stretch **aus** beside us **und** twinkle against the windows, **und** the dim lights **von** small Wisconsin stations moved **vorbei**, a sharp **wild** brace **kam** suddenly into the air. We drew **in** deep breaths **davon als** we **gingen** back from dinner through the cold vestibules, unutterably aware **von** our identity **mit diesem Land für eine** strange hour, before we melted indistinguishably **in es hinein wieder**.

Das has my Middle West — **nicht** the wheat **oder** the prairies **oder** the lost Swede towns, **aber** the thrilling returning trains **meiner** my youth, **und** the street lamps **und** sleigh bells **in der** frosty dark **und** the shadows **von** holly wreaths thrown **durch** lighted windows **auf** the snow. **Ich bin** part **davon**, **ein bisschen** solemn **mit** the feel **jener** long winters, **ein bisschen** complacent from growing **auf in dem** Carraway **Haus in einer Stadt** where dwellings **sind immer noch** called through decades **durch einen** family's **Name**. **Ich** see **jetzt dass** this **ist gewesen** a story **des** West, **schließlich** — Tom **und** Gatsby, Daisy **und** Jordan **und ich**, were **alle** Westerners, **und** perhaps we possessed **etwas** deficiency **in** common **welche machte** us subtly unadaptable **zu** Eastern **Leben**.

Even **als** the East excited me most, even **als ich war** most keenly aware **von** its superiority **zu den** bored, sprawling, swollen towns beyond the Ohio, **mit** their interminable inquisitions **welche** spared **nur** the children **und** the very **Alten** — even **dann** it **hatte immer für mich eine Qualität von** distortion. West Egg, especially, **immer noch** figures **in** my **mehr** fantastic **Träume**. **Ich** see it **als** a night scene **von** El Greco: a hundred houses, **gleichzeitig** conventional **und** grotesque, crouching **unter einem** sullen, overhanging sky **und** a lustreless moon. **In** the foreground four solemn **Männer** in dress suits are walking along the sidewalk **mit** a stretcher **auf welchem** lies a drunken **<u>Frau</u>** in a white evening dress. Her hand, **welche** dangles **über** the side, sparkles cold **mit** jewels. Gravely **die Männer** turn **in in ein Haus** — the wrong **Haus**. **Aber niemand** knows **<u>den</u>** woman's **Namen**, **und niemand** cares.

Nach Gatsby's death the East **war** haunted **für mich so wie das**, distorted beyond my eyes' power **von** correction. **Also als** the blue smoke **von** brittle leaves **war in** the air **und** the wind blew the **nasse** laundry stiff **auf der Leine ich** decided **zurückzukommen Sie** home.

There **war eine Sache** to be done before **ich ging**, an awkward, unpleasant **Sache die** perhaps had better have been let **allein**. **Aber ich wollte** leave things **in** order **und nicht einfach** trust **dass** obliging **und** indifferent sea to sweep my refuse **weg**. **Ich sah** Jordan Baker **und** talked **über und** around what had happened **zu** us **zusammen**, **und** what had happened afterward **zu** me, **und** she lay perfectly **ruhig**, listening, **in einem** big chair.

She **war** dressed to play golf, **und ich** remember thinking she looked **wie** a good illustration, her chin raised **ein bisschen** jauntily, her hair the colour **eines Herbstblatts**, her face the same brown tint **als der** fingerless glove **auf** her knee. **Als ich** had finished she **erzählte** me without comment **dass** she **war** engaged **zu** another **Mann**. **Ich** doubted **das**, though there **waren** several she **könnte** have married at a nod **ihres** head, **aber ich** pretended to be surprised. **Für nur eine Minute ich** wondered **ob ich** was not making a mistake, **dann ich dachte** it **alles über wieder** quickly **und** got **auf** to **sagen** goodbye.

"Nevertheless you did throw me over," **sagte** Jordan suddenly. "You threw me over **am** telephone. **Ich** don't give a damn **über dich jetzt**, **aber** it **war** a new experience **für mich**, **und ich fühlte mich ein bisschen** dizzy **für** a while."

We shook hands.

"Oh, **und** do you remember" — she added — "a conversation we **hatten einmal über** driving a car?"

"**Warum** — **nicht** exactly."

"You **sagtest** a bad driver **war nur** safe **bis** she met another bad driver? **Gut**, **ich** met another bad driver, did not **ich**? **Ich** mean it **war** careless **von mir** to make **solch** a wrong guess. **Ich dachte** you **wärst eher** an honest, straightforward **Person**. **Ich dachte** it **war** your **geheimer** pride."

„Ich bin dreißig", sagte ich. "**Ich bin** five **Jahre** too **alt** to lie **zu** myself **und** call it honour."

She did not answer. Angry, **und** half **in** love **mit ihr**, **und** tremendously sorry, **ich drehte mich weg**.

***

Eines afternoon late **in** October **ich sah** Tom Buchanan. He was walking ahead **von mir** along Fifth Avenue **in** his alert, aggressive **Weise**, his hands out **ein bisschen** from his body **als ob** to fight off interference, his head moving sharply **hier und** there, adapting itself **zu** his **unruhigen** eyes. **Gerade als**

ich slowed up to avoid overtaking him he stopped **und** began frowning into the windows **eines** a jewellery store. Suddenly he **sah** me **und ging** back, holding **aus** his hand.

"What **ist der Grund**, Nick? Do you object to shaking hands **mit mir**?"

"Yes. You know what **ich** think **von dir**."

"You **bist** crazy, Nick," **sagte er** quickly. "Crazy **wie** hell. **Ich** don't know what **ist der Grund mit dir**."

"Tom," **ich** inquired, "what did you **sagen zu** Wilson **an diesem** afternoon?"

He stared **auf** me without a word, **und ich wusste ich** had guessed **richtig über jene** missing hours. **Ich begann** to turn **weg, aber** he took a step **nach** me **und** grabbed my arm.

"**Ich sagte** him the truth," **sagte er**. "He **kam** to the door while we were getting ready to leave, **und als ich** sent down word **dass** we weren't **in** he tried to force his **Weg** upstairs. He **war** crazy enough to kill me **wenn ich hätte es ihm nicht erzählt** who owned the car. His hand **war auf** a revolver **in** his pocket every **Minute** he **war im Haus** —" He broke off defiantly. "What **wenn** I did tell him? **Dieser** fellow **hätte** it coming **zu** him. He threw **Staub** into your eyes **so wie** he did in Daisy's, **aber** he **war** a tough one. He ran **über** Myrtle **wie** you had run **über einen Hund und nie** even stopped his car."

There **war** nothing **ich könnte sagen**, except the **einen** unutterable fact **dass** it **war nicht** true.

"**Und wenn** you think I did **nicht haben** my share **von** suffering — **schau her**, **wenn ich ging** to give **auf diese** flat **und sah** that damn box **von Hundekuchen** sitting there **auf** the sideboard, **ich** sat down **und** cried **wie** a baby. **Bei** God it **war** awful —"

Ich couldn't forgive him **oder mögen** him, **aber ich sah dass** what he had done **war**, **zu** him, entirely justified. It **war alles** very careless **und** confused. They **waren** careless **Leute**, Tom **und** Daisy — they smashed up things **und** creatures **und dann** retreated **zurück** into their money **oder** their vast carelessness, **oder** whatever it **war das** kept them **zusammen**, **und** let **andere Leute** clean **auf** the mess they **hatten gemacht** …

Ich shook hands **mit ihm**; it **schien** silly **nicht** to, **weil ich fühlte mich** suddenly **als** though **ich** were talking **zu** a child. **Dann** he **ging** into the jewellery store to buy a pearl necklace — **oder** perhaps **nur** a pair **von** cuff buttons — rid **von** my provincial squeamishness **für immer**.

***

Gatsby's **Haus war immer noch** empty **als ich ging** — the grass **auf** his lawn had grown **so** long **wie** mine. **Einer von** the taxi drivers **im Dorf nie** took a fare past the entrance gate without stopping **für eine Minute und** pointing inside; perhaps it **war** he who drove Daisy **und** Gatsby **rüber zu** East Egg the night **des** accident, **und** perhaps he **hatte gemacht** a story **darüber ganz** his own. I did not want to hear it **und ich** avoided him **als ich** got off the train.

Ich spent my Saturday nights **in** New York **weil jene** gleaming, dazzling parties **von** his **waren mit mir so** vividly **dass** I **konnte immer noch** hear the music **und** the laughter, faint **und** incessant, from his garden, **und** the cars going **hoch und** down his drive. **Eines** night I did hear a material car there, **und sah** its lights stop **bei** his front steps. **Aber** I did not investigate. Probably it **war irgendein** final guest who **war gewesen weg bei** the ends **der** the earth **und** did not know **dass** the party **war vorbei**.

In der letzten night, **mit** my trunk packed **und** my car sold **zu** the grocer, **ich ging rüber und** looked **auf diesen** huge incoherent failure **eines Hauses einmal mehr**. **Auf den** white steps an obscene word, scrawled **von irgendeinem** boy **mit** a piece **von** brick, stood **aus** clearly **in** the moonlight, **und ich** erased it, drawing my shoe raspingly along the stone. **Dann ich** wandered down **zu** the beach **und** sprawled **aus an** the sand.

Most **der** big shore places **waren** closed **jetzt und** there **waren** hardly **irgendwelche** lights except the shadowy, moving glow **eines** ferryboat across the Sound. **Und als** the moon rose higher the inessential houses began to melt **weg bis** gradually **ich** became aware **von der alten** island **hier die** flowered **einmal für** Dutch sailors' eyes — a fresh, green breast **der** new **Welt**. Its vanished **Bäume**, **die Bäume** that had made way **für** Gatsby's **Haus**, had **einmal** pandered **in** whispers **zum letzten und** greatest **von allen menschlichen Träumen**; **für einen** transitory enchanted moment **der Mensch musste** have held his breath **in** the presence **dieses** continent, compelled **in eine** aesthetic contemplation he neither understood nor desired, face **zu** face **für die letzte** time **in** history **mit** something commensurate **zu** his capacity **für** wonder**Und als ich** sat there brooding **auf der alten**, unknown **Welt**, **ich dachte an** Gatsby's wonder **als** he first picked **aus** the green light **am Ende von** Daisy's dock. He **war gekommen** a long **Weg zu diesem** blue lawn, **und** his dream **muss geschienen haben so** close **dass** he **konnte** hardly fail to grasp it. He did not know **dass** it **war** already behind him, somewhere **zurück in dieser** vast obscurity beyond **der Stadt**, where the dark fields **der** republic rolled **weiter unter** the night.

Gatsby believed **an das** green light, the orgastic future **die von Jahr zu Jahr** recedes before us. It eluded us **dann**, **aber das ist keine** matter — tomorrow we **werden** run faster, stretch **aus** our arms further … **<u>Und eines schönen Morgens–</u>**

So we beat **weiter**, boats against the current, borne **zurück** ceaselessly into the past.

<u>Das Ende...</u>

Herzlichen Glückwunsch on completing your weeve! We hoped you enjoyed the process and you feel like you have **viel gelernt.** Remember that **Sprachenlernen** is a long journey. Keep on reading your weeves and you will be a German speaking Jay Gatsby in **kürzester Zeit!** If you felt this **Buch** helped you **würden uns über** a review on Amazon, our website or goodreads **freuen.** It helps **mehr Menschen** like yourself find our weeves. **Vielen Dank** for your support!

– Evan, Cian and Oisin

weeve

Chapter 9

German	Pronunciation	English
konnten	kɔntən	could
um	u:m	about/around
in keinem	i:n kaine:m	into no
welchem	vɛlxe:m	which
fanden	fandən	found
Hinterließen	hɪntəʀli:sən	left
am	ɑ:m	on
Ich fürchte	i:x fʏʀxtə	i am afraid
finden	fɪndən	get/finden
erzählt	əʀt͡sɛlt	told
ab	ɑ:p	up
über den Ladentisch	y:bəʀ dən lɑ:dənti:ʃ	over the counter
schnelles	ʃnɛle:s	quick
besagte	be:saktə	said
alter Mann	altəʀ man	old man
angezogen	ɑ:ŋe:t͡so:gən	bundled up
an	ɑ:n	at/on
einer kurzen Weile	ainəʀ kʊʀt͡sən vailə	a little while
zum ersten Mal	t͡su:m əʀstən mɑ:l	for the first time
mitnehmen	mɪtne:mən	take
das Land	dɑ:s lant	the country

Chapter 9

German	Pronunciation	English
Grab	kʀɑːp	grave
Natürlcih	nɑːtʏʀlkiː	of course
eine Minute	aineː miːnuːtə	a minute
des Namens	deːs nɑːməns	of the name
drinnen	tʀɪnən	in
In diesem Moment	iːn diːseːm moːmənt	at this moment
könnt	kœnt	can
jederzeit	jeːdəʀt͡sait	any time
ich sage	iːx sɑːgə	i say
ist	ɪst	has/is
egal	eːgɑːl	no matter
war geworden	vɑːʀ geːvɔʀdən	had turned
seitdem	zaɪtdeːm	since
Minute	miːnuːtə	minute
eines Buches	aineːs buːxeːs	of a book
zweiten Tag	t͡svaitən tɑːk	other day
Buch	buːx	book
durchgestrichen	dʊʀxgɛstʀiːxən	crossed out
Kurz bevor	kʊʀt͡s beːfoːʀ	a little before
Ebenso	eːbənsoː	so
nass	nas	wet

weeve

Chapter 9

German	Pronunciation	English
an	ɑ:n	about/on
innen	ɪnən	in
Eine meiner	aine: mainɐ	one of my
Schule	ʃu:lə	school
vom College	fo:m kɔle:gə	from college
zur	t͡su:ʀ	at/to
alten	altən	old
zuletzt	t͡su:lɛt͡st	last
Frau	fʀau	woman
den	dən	the
nasse	nasə	wet
auf der Leine	auf dəʀ lainə	on the line
eines Herbstblatts	aine:s həʀbstplats	of an autumn leaf
sagtest	zaktɛst	said
wärst	væ:ʀst	were
geheimer	ge:aimɐ	secret
alt	alt	old
unruhigen	ʊnʀu:i:çən	restless
über einen Hund	y:bəʀ ainən hʊnt	over a dog
von Hundekuchen	fo:n hʊnde:ku:xən	of dog biscuits
von irgendeinem	fo:n ɪʀgəndaine:m	by some/any

weeve

Chapter 9

German	Pronunciation	English
menschlichen	mənʃli:xən	human
der Mensch	dəʀ mənʃ	man
Und eines schönen Morgens–	ʊnd aine:s ʃø:nən mɔʀgəns–	and one fine morning —

GLOSSARY

A

ab // ɑ:p // up
aber // ɑ:bɐ // but
abhauen // ɑ:fauən // get out
acht uhr // axt u:ʀ // eight of the clock
all // al // all
alle // alə // all
allein // alain // alone
alleinstehenden // alaınste:əndən // single
allem // ale:m // it all
allen // alən // all
aller // alɐ // all
alles // ale:s // all
alles klar // ale:s klɑ:ʀ // all right
allzu // al͡tsu: // all too
als // als // as
als // als // for
als // als // for/as
als // als // if
als // als // in
als // als // than
als // als // when
also // also: // so
alt // alt // old
alte // altə // old
alten // altən // old
alter mann // altəʀ man // old man
am // ɑ:m // at
am // ɑ:m // at/on
am // ɑ:m // on
am anfang // ɑ:m anfaŋk // in the begining
an // ɑ:n // about/on
an // ɑ:n // at
an // ɑ:n // at/on
an // ɑ:n // by/on
an // ɑ:n // in
an // ɑ:n // of
an // ɑ:n // of/on
an // ɑ:n // on
an // ɑ:n // to
an // ɑ:n // to/at
an der grenze // ɑ:n dəʀ kʀən͡tsə // on the edge/ frontier
an einen // ɑ:n ainən // to some
ander // andɐ // other
andere // andəʀə // other
anderen // andəʀən // other
anderes // andəʀe:s // other
angelegenheit // ɑ:ŋe:le:gənhait // matter
angerufen // ɑ:ŋəʀu:fən // called up
angezogen // ɑ:ŋe:t͡so:gən // bundled up
anhalten // ɑ:nhaltən // draw up
anleihe // anlaiə // bond
anrufen // anʀu:fən // call up
ansehen // anse:ən // look at
anzusehen // an͡tsu:se:ən // look at
art // aʀt // way
auch // aux // also
auch // aux // too
auf // auf // at
auf // auf // at/on
auf // auf // for
auf // auf // for/on
auf // auf // in
auf // auf // of
auf // auf // on
auf // auf // to
auf // auf // up
auf dem rasen // auf de:m ʀɑ:sən // on the lawns
auf der leine // auf dəʀ lainə // on the line
auf einen stuhl // auf ainən stu:l // in a chair
auf erbärmliche weise // auf əʀbæ:ʀmli:xe: vaise: // in a miserable way
auf jede // auf je:də // in any
auf jeden fall // auf je:dən fal // at any
auf jeder // auf je:dɐ // in any
auf mich // auf mi:x // of me
aufbringen // aʊfpʀi:ŋən // muster up
aufzustehen // aʊf͡tsʊste:ən // to get up
aus // aus // for
aus // aus // in
aus // aus // of
aus // aus // of/out
aus // aus // out
aus dem grund // aus de:m kʀʊnt // for some reason
ausdruck // aʊstʀʊk // look/expression
ausgesehen // aʊsge:se:ən // look
aussdruck // aʊstʀʊk // look
aussehen // aʊse:ən // look
ausstiegen // aʊsti:e:gən // got out
außer // ausɐ // but
außer // ausɐ // short
außergewöhnlich // ausəʀge:vœnli:x // extraordinary
außerhalb // ausəʀhalp // out

B

befinden // be:fındən // being
befürchte // be:fʏʀxtə // afraid
begann // be:gan // started
bei // bai // at
bei // bai // by
bei // bai // by/at
bei // bai // in
bei // bai // to/at
beim // baim // at
bekommen // be:kɔmən // get
beliebig // be:li:bi:k // any
beliebige // be:li:bi:çə // any
bereithalten // bəʀaitaltən // stand by
besagte // be:saktə // said
besorgen // be:sɔʀgən // get
besorgt // be:sɔʀgt // afraid
bestimmte // bɛstımtə // certain
bestimmten // bɛstımtən // certain
bestimmter // bɛstımtɐ // certain
bett // bɛt // bed
bin // bi:n // am
bin // bi:n // did
bis // bi:s // so
bis // bi:s // till
bis // bi:s // until
bis der // bi:s dɐ // by the
bisschen // bısxən // little
bist // bıst // are
brach // pʀɑ:x // broke up
brannte // pʀantə // on fire
bruder // pʀu:dɐ // brother
buch // bu:x // book
bäume // bo:y:mə // trees
bäumen // bo:y:mən // trees
büro // by:ʀo: // office
büros // by:ʀo:s // office

C

ch // x // i
cousine dritten grades // ko:u:si:ne: tʀıtən kʀɑ:de:s // second cousin once removed

D

da draußen // dɑ: tʀausən // out there
da drüben // dɑ: tʀy:bən //

over there
dachte // daxtə // thought
dachten // daxtən // thought
dafür // dɑ:fy:ʀ // for
dafür // dɑ:fy:ʀ // for it
damals // dɑ:mals // then
danach // dɑ:nɑ:x // after
danach // dɑ:nɑ:x // after that
dann // dan // so
dann // dan // then
dann : // dan : // then :
daran // dɑ:ʀɑ:n // of it
darauf // dɑ:ʀauf // of
darauf // dɑ:ʀauf // on
darin // dɑ:ʀi:n // in it
darüber // dɑ:ʀy:bɐ // about
darüber // dɑ:ʀy:bɐ // about it
darüber // dɑ:ʀy:bɐ // over
darüber hinweg // dɑ:ʀy:bəʀ hɪnve:k // over it
das // dɑ:s // so
das // dɑ:s // that
das // dɑ:s // this
das // dɑ:s // which
das buch // dɑ:s bu:x // the book
das ist // dɑ:s ɪst // that is
das land // dɑ:s lant // the country
das richtige // dɑ:s ʀɪxti:gə // right thing
das schien // dɑ:s ʃi:n // that seemed
dass // das // that
davon // dɑ:fo:n // of
davon // dɑ:fo:n // of it
davon // dɑ:fo:n // one
dazu // dɑ:tsu: // to that
deal // de:ɑ:l // deal
deines // daine:s // of
dem // de:m // that
dem büro // de:m by:ʀo: // the office
den // dən // that
den // dən // the
den ganzen // dən gantsən // all
den gesunden // dən ge:sʊndən // the well
denen // dənən // which
denn // dənn // because
denn // dənn // but
denn // dənn // for
denn // dənn // then
der // dɐ // of
der // dɐ // of the
der // dɐ // that
der // dɐ // which
der kante // dəʀ kantə // the edge
der mensch // dəʀ mənʃ // man
der name // dəʀ nɑ:mə // the name
des // de:s // of the
des frühlings // de:s fʀy:lɪŋs // of spring
des geschäfts // de:s ge:ʃæ:fts // of business
des hauses // de:s hause:s // of the house
des jahres // de:s jɑ:ʀe:s // of the year
des namens // de:s nɑ:məns // of the name
des weges // de:s ve:ge:s // of the way
deshalb // de:shalp // so
deshlab // de:shlɑ:p // so
deswegen // dɛsve:gən // because of this
die // di:ə // that
die // di:ə // that/which
die // di:ə // which
die angewohnheit // di: ɑ:ŋe:vo:nhait // the habit
die idee // di: i:de:ə // the idea
die leitung // di: laitʊŋk // the line
die meisten leute wurden mitgebracht // di: maɪstən lo:y:te: vʊʀdən mɪtgɛpʀaxt // most people were brought
die person // di: pəʀso:n // the person
die räume // di: ʀo:y:mə // the rooms
die straße hinunter // di: stʀɑ:se: hi:nʊntɐ // down the road
dies // di:s // that
dies // di:s // this
diese // di:sə // that
diese // di:sə // this
diesem // di:se:m // that
diesen // di:sən // that
dieser // di:sɐ // that
dieses // di:se:s // of that
dieses // di:se:s // that
direkt // di:ʀɛkt // right
direkt // di:ʀɛkt // right/ directly
diskreter // dɪskʀe:tɐ // more discreet
doch // do:x // after all
dorf // dɔʀf // village
dort // dɔʀt // in
dort // dɔʀt // over
draußen // tʀausən // out
drehte // tʀe:tə // turned
drehten sich // tʀe:tən si:x // turned
drei // tʀai // three
drinnen // tʀɪnən // in
drüben // tʀy:bən // over
durch // dʊʀx // about
durch // dʊʀx // by
durchgestrichen // dʊʀxgɛstʀi:xən // crossed out

E

ebenso // e:bənso: // so
egal // e:gɑ:l // no matter
eher // e:ɐ // rather
ein // ain // a
ein // ain // in
ein // ain // one
ein // ain // some
ein bisschen // ain bɪsxən // a little
ein ding // ain dɪŋk // a thing
ein gefühl // ain ge:fy:l // a sense
ein herbst // ain həʀbst // an autumn
ein merkmal // ain məʀkmɑ:l // a quality
ein paar // ain pɑ:ʀ // a few
ein universum // ain u:ni:fəʀsu:m // a universe
ein wetter // ain vɛtɐ // a weather
einander // ainandɐ // each other
eine // ainə // one
eine // ainə // some
eine art // aine: aʀt // one way
eine meiner // aine: mainɐ // one of my
eine minute // aine: mi:nu:tə // a minute
einem // aine:m // a
einem // aine:m // one
einen // ainən // one
einen blick // ainən plɪk // a look
einen frühling // ainən fʀy:lɪŋk // one spring
einen punkt // ainən pʊŋkt // a point
einer // ainɐ // of a
einer // ainɐ // one
einer kurzen weile // ainəʀ kʊʀtsən vailə // a little while
einer solchen // ainəʀ sɔlxən // such
eines // aine:s // of a
eines // aine:s // one
eines // aine:s // some
eines buches // aine:s bu:xe:s // of a book

eines herbstblatts // aine:s hərbstplats // of an autumn leaf
eines morgens // aine:s mɔʀgəns // one morning
einfach // aınfɑ:x // just
einies // aini:s // of some
einige // aini:çə // some
einiges // aini:çe:s // some
einmal // aınmɑ:l // once
einnehmen // aıne:mən // take up
einr reihe // aınʀ ʀaiə // a series
eins // aıns // one
einst // aınst // once
einzelner // aıntsεlnɐ // single
einzige // aıntsi:çə // only
einzige // aıntsi:çə // single
einzigen // aıntsi:çən // single
empfehlung // εmpfe:lʊŋk // letter of introduction
ende // əndə // end
endlich // əntli:x // finally
entfernt // əntfəʀnt // away
ergattern // əʀgatəʀn // get hold of
erinnert an // əʀɪnəʀt ɑ:n // reminded of
ernsten // əʀnstən // grave
erriet // əʀʀi:t // guessed at
errieten // əʀʀi:tən // guessed at
erschienen // əʀʃi:nən // turned
erste // əʀstə // first one
erzählt // əʀtsεlt // told
erzählte // əʀtsεltə // told
erzählten // əʀtsεltən // told
erzähltest // əʀtsεltεst // told
es aufheben // e:s aufhe:bən // pick it up
es gibt // e:s gıbt // there is
ettwa um fünf uhr // εtvɑ: u:m fʏnf u:ʀ // about five of the clock
etwa // εtvɑ: // about
etwas // εtvɑ:s // some

F

fahren // fɑ:ʀən // go
fahren sie fort // fɑ:ʀən si: fɔʀt // go on/continue
familie // fɑ:mi:li:ə // family
familiengeschichte // fɑ:mi:li:ŋe:ʃıxtə // family history
familieninstitutionen // fɑ:mi:li:nınsti:tu:tsi:o:nən // family institutions
familienleben // fɑ:mi:lınle:bən // family life
fand // fant // found
fanden // fandən // found
fandest // fandεst // found
fast // fast // next to
feder // fe:dɐ // spring
finden // fındən // get/finden
finden sie // fındən si:ə // like/find
flut // flu:t // high tide
fragte // fʀaktə // asked
fragte ich// fʀakte: i:x // i asked
frau // fʀau // woman
frühling // fʀy:lıŋk // spring
frühstück // fʀʏstʏk // breakfast
fuhr // fu:ʀ // went
fuhren // fu:ʀən // went
fühlte // fʏltə // felt
fühlten // fʏltən // felt
fünfzig // fʏnftsi:k // fifty
für // fy:ʀ // by
für // fy:ʀ // by/for
für // fy:ʀ // for
für // fy:ʀ // to
für // fy:ʀ // to/for
für das herz // fy:ʀ dɑ:s hərts // for the heart
für dich // fy:ʀ di:x // for you
für eine // fy:ʀ ainə // for a
für einen monat // fy:ʀ ainən mo:nɑ:t // for a month
für einige // fy:ʀ aini:çə // for some
für ihn // fy:ʀ i:n // for him
für sie // fy:ʀ si:ə // for her

G

gab // gɑ:p // gave
gab // gɑ:p // has
gaben // gɑ:bən // gave
ganz // gants // all
ganz // gants // all/entirely
ganz // gants // right
ganze // gantsə // all
ganzen // gantsən // all
gedreht // gεtʀe:t // turned
gefunden haben // ge:fʊndən hɑ:bən // have found
gegangen // ge:gɑ:ŋən // go
geglaubt an // gεklaʊbt ɑ:n // believed in
geh // ge: // go
gehabt // ge:abt // have
gehe ich // ge:e: i:x // i go
geheime // ge:aimə // secret
geheimen // ge:aimən // secret
geheimer // ge:aimɐ // secret
geheimnis // ge:aımni:s // secret
gehen // ge:ən // go
gehst // gεst // go
gekommen war // ge:kɔmən vɑ:ʀ // had come
gemacht // ge:maxt // made
gemacht worden // ge:maxt vɔʀdən // been made
gemocht // ge:mɔxt // like
genau // gənau // right
genauso // gənauso: // so
genervter // gənəʀftɐ // more annoyed
gerade // gəʀɑ:də // just
gern // gəʀn // like
gesagt // ge:sagt // said
geschienen // ge:ʃi:nən // seemed
geschäft // ge:ʃæ:ft // business
geschäfte // ge:ʃæ:ftə // business
gesehen // ge:se:ən // saw
gesichter // ge:sıxtɐ // faces
gesichtern // ge:sıxtəʀn // faces
gestartet // gεstaʀte:t // started
gewesen // ge:ve:sən // been
gewöhnlich // ge:vœnli:x // usually
ging // gıŋk // came
ging // gıŋk // left
ging // gıŋk // walked
ging // gıŋk // went
gingen // gi:ŋən // walked
gingen // gi:ŋən // went
gleichzeitig // klaıxtsaiti:k // at once
gold // gɔlt // gold
goßartige // go:saʀti:gə // great
grab // kʀɑ:p // grave
grenze // kʀəntsə // limit
groß // kʀo:s // great
großartige // kʀo:saʀti:gə // great
große // kʀo:sə // great
großen // kʀo:sən // great
großen zimmer // kʀo:sən tsımɐ // great rooms
großer // kʀo:sɐ // great
großes // kʀo:se:s // great
großgezogen // kʀɔsge:tso:gən // brought up

gründen // kʀʏndən // found
gut // gu:t // well
gäbe nicht // gæ:be: nɪxt // was not

H

hab // hɑ:p // have
habe // hɑ:bə // have
haben // hɑ:bən // have
habt // habt // have
harten // haʀtən // hard
hast // hast // did
hast // hast // have
hast du nicht // hast du: nɪxt // haven't you
hat // hɑ:t // did
hat // hɑ:t // has
hat // hɑ:t // is
hat angst // hɑ:t aŋst // is afraid
hatte // hatə // did
hatte // hatə // had
hatte erzählt // hate: əʀt͡sɛlt // had told
hatte gehabt // hate: ge:abt // had had
hatten // hatən // did
hatten // hatən // had
hattest // hatɛst // had
haus // haus // house
her // hɐ // here
herauf // həʀauf // up
heraus // həʀaus // out
herein // həʀain // in
herein // həʀain // in here
herrlicher // həʀʀli:xɐ // gorgeous
herrliches // həʀʀli:xe:s // gorgeous
hervor // həʀfo:ʀ // out
herüber // həʀy:bɐ // over
heute // ho:y:tə // today
heute morgen // ho:y:te: mɔʀgən // this morning
hier // hi:ʀ // here
hierher kommen wird // hi:ʀhəʀ kɔmən vɪʀt // will come here
hilflos // hɪlflo:s // helplessly
hin und her // hi:n ʊnd hɐ // back and forth
hinauf // hi:nauf // up
hinaus // hi:naus // out
hinein // hi:nain // in
hinterließen // hɪntəʀli:sən // left
hintertür // hɪntəʀty:ʀ // back door
hinüber // hi:ny:bɐ // over
hoch // ho:x // high
hoch // ho:x // up
hochfahren // hɔxfɑ:ʀən // go up
hohe // ho:ə // high
hohen // ho:ən // high
hundeleine // hʊnde:lainə // dog-leash
hut // hu:t // hat
hätte // hæ:tə // had
hätte // hæ:tə // have
hätten // hæ:tən // had
hätten // hæ:tən // had of
hättest // hæ:tɛst // had

I

ich // i:x // i
ich begann // i:x be:gan // i started
ich bin gewesen // i:x bi:n ge:ve:sən // i have been
ich dachte // i:x daxtə // i thought
ich fürchte // i:x fʏʀxtə // i am afraid
ich hatte gedacht // i:x hate: ge:daxt // i had thought
ich hatte gesagt // i:x hate: ge:sagt // i had said
ich hatte verlassen // i:x hate: fəʀlasən // i had left
ich mag // i:x mɑ:k // i like
ich sage // i:x sɑ:gə // i say
ich sah // i:x sɑ: // i saw
ich tat // i:x tɑ:t // i did
ich werde holen // i:x vəʀde: ho:lən // i will get/take
ich würde gern // i:x vʏʀde: gəʀn // i like to
ich wüsste // i:x vʏstə // i knew
idee // i:de:ə // idea
ihrer // i:ʀɐ // of their
ihres // i:ʀe:s // of her
im // i:m // in
im leben // i:m le:bən // in life
immer // ɪmɐ // always
immer // ɪmɐ // ever
in // i:n // at
in // i:n // at/in
in // i:n // for
in // i:n // in
in // i:n // of
in // i:n // on
in // i:n // on/in
in dem haus // i:n de:m haus // of the house
in den bäumen // i:n dən bo:y:mən // in the trees
in der mitte // i:n dəʀ mɪtə // in the middle
in diesem moment // i:n di:se:m mo:mənt // at this moment
in ein // i:n ain // in some
in einem // i:n aine:m // in a
in gewisser weise // i:n ge:vɪsəʀ vaisə // in a way
in jedem // i:n je:de:m // at any
in keinem // i:n kaine:m // into no
in ordnung // i:n ɔʀtnʊŋk // all right
in solch // i:n sɔlx // in such
in wenigen // i:n vəni:çən // in a few
indem // ɪnde:m // by
ineinander // i:nainandɐ // in each other
innen // ɪnən // in
ins bett // ɪns bɛt // to bed
interesanter // ɪntəʀe:santɐ // more interesting
intim // ɪnti:m // intimate
intime // ɪnti:mə // intimate
inzwischen // ɪnt͡svi:ʃən // by this time
irgendein // ɪʀgəndain // any
irgendein // ɪʀgəndain // some
irgendein // ɪʀgəndain // some/any
irgendeine // ɪʀgəndainə // any
irgendeine // ɪʀgəndainə // some/any
irgendeinen // ɪʀgəndainən // any
irgendeinen // ɪʀgəndainən // some/any
irgendetwas // ɪʀgəndɛtvɑ:s // any
irgendwann // ɪʀgəntvan // some time
irgendwelche // ɪʀgəntvɛlxə // any
irgendwie // ɪʀgəntvi:ə // sort of
ist // ɪst // has
ist // ɪst // has/is
ist // ɪst // is
ist es nicht // ɪst e:s nɪxt // isn't

J

jahr // jɑ:ʀ // year
jahre // jɑ:ʀə // year
jahre // jɑ:ʀə // years
jahrelang // jɑ:ʀe:laŋk // for years
jahren // jɑ:ʀən // years
jederzeit // je:dəʀtsait // any time
jedes // je:de:s // all

jemals // je:mals // ever
jene // jənə // that
jene // jənə // those
jenen // jənən // that
jenen // jənən // those
jener // jənɐ // of those
jetzt // jɛt͡st // now
jetzt // jɛt͡st // right
jung // jʊŋk // young
junge // ju:ŋə // young
jungen // ju:ŋən // young
junger // ju:ŋɐ // young
junges // ju:ŋe:s // young

K

kam // kɑ:m // came
kamen // kɑ:mən // came
kann // kan // can
kannst // kanst // can
kannte // kantə // knew
kein // kain // no
keine // kainə // no
keine // kainə // no more
keinen // kainən // no
klein // klain // little
kleine // klainə // little
kleine sache // klaine: sɑ:xə // little thing
kleinen // klainən // little
kleiner // klainɐ // little
kleines // klaine:s // little
kleines geschäft // klaine:s ge:ʃæ:ft // little business
komm // kɔm // come
komm zu // kɔm t͡su: // come to
komme // kɔmə // come
komme immer // kɔme: ɪmɐ // always come
kommen // kɔmən // come
konnte // kɔntə // could
konnte nicht // kɔnte: nɪxt // couldn't
konnten // kɔntən // could
korrekter // kɔʀɛktɐ // more correct
kurz // kʊʀt͡s // short
kurz bevor // kʊʀt͡s be:fo:ʀ // a little before
kurze // kʊʀt͡sə // short
kurzen // kʊʀt͡sən // short
kurzes // kʊʀt͡se:s // short
können // kœnən // can
könnt // kœnt // can
könnte // kœntə // could
könnte sein // kœnte: sain // could be
könnten // kœntən // could
küchentisch // ky:xənti:ʃ // kitchen table

L

leben // le:bən // life
lebens // le:bəns // life
lenkte // ləŋktə // turned
letzte // lɛt͡stə // last
letzten // lɛt͡stən // last
letztendlich // lɛt͡stəntli:x // at
letztendlich // lɛt͡stəntli:x // at last
leute // lo:y:tə // people
leuten // lo:y:tən // people
lieber // li:bɐ // rather
ließ // li:s // found
ließ // li:s // left
linie // li:ni:ə // line
linke // lɪŋkə // left
loslassen // lɔslasən // let go
länger // læ:ŋɐ // any longer
länger // læ:ŋɐ // longer

M

machen // mɑ:xən // about/ do
machen // mɑ:xən // do
machte // maxtə // made
machten // maxtən // made
mag // mɑ:k // like
magst // magst // like
manch // manx // some
manche // manxə // some
manchen // manxən // some
mancher // manxɐ // some
mann // man // man
manner // manɐ // man
mehr // me:ʀ // more
meilen // mailən // miles
mein liebster // main lɪbstɐ // my dearest one
meines // maine:s // of my
menschen // mənʃən // people
menschliche // mənʃli:xə // human
menschlichen // mənʃli:xən // human
mich // mi:x // me
minute // mi:nu:tə // minute
mit // mi:t // about
mit // mi:t // in
mit // mi:t // to
mit // mi:t // to/with
mit // mi:t // with
mit der jahreszeit // mi:t dəʀ jɑ:ʀɛstsait // with the season
mit ihrem // mi:t i:ʀe:m // with her
miteinander // mi:tainandɐ // each other
miteinander reden // mi:tainandəʀ ʀe:dən // speaking terms
mitnehmen // mɪtne:mən // take
mittleren // mɪtləʀən // middle
monat // mo:nɑ:t // month
morgen // mɔʀgən // morning
muss // mʊs // have to
muss // mʊs // must
musst // mʊst // have to
musst // mʊst // must
musste // mʊstə // had to
musste // mʊstə // must
mussten // mʊstən // must
männer // mæ:nɐ // men
männern // mæ:nəʀn // men
mögen // mø:gən // like
müssen // mʏsən // have to
müssen verrückt sein // mʏsən fəʀʀʏkt sain // must be crazy

N

nach // nɑ:x // about
nach // nɑ:x // after
nach // nɑ:x // by
nach // nɑ:x // for
nach // nɑ:x // for/after
nach // nɑ:x // to
nachdem // naxde:m // after
name // nɑ:mə // name
namen // nɑ:mən // name
nass // nas // wet
nasse // nasə // wet
natürlcih // nɑ:tʏʀlki: // of course
natürlich // nɑ:tʏʀli:x // of course
neben // ne:bən // by
neben // ne:bən // next to
nehmen // ne:mən // take
nein // nain // no
neugierig // no:y:gi:ʀi:k // curious
neugierige // no:y:gi:ʀi:çə // curious
neugierigen // no:y:gi:ʀi:çən // curious
neun uhr // no:y:n u:ʀ // nine of the clok
nicht // nɪxt // no
nicht // nɪxt // no/not
nicht // nɪxt // not
nicht // nɪxt // n't
nie // ni:ə // never
nie wissen werden // ni: vɪsən vəʀdən // will never know
niemals // ni:mals // never
niemand // ni:mant // no one
noch // no:x // any

noch // no:x // still
nun // nu:n // now
nur // nu:ʀ // just
nur // nu:ʀ // just/only
nur // nu:ʀ // only

O

ob // o:p // if
ob // o:p // if/whether
oben // o:bən // up
oder // o:dɐ // isn't it
oder // o:dɐ // or

P

person // pəʀso:n // person
perspektive // pəʀspɛkti:fə // point of view
persönlichkeit // pəʀsœnlɪxkait // personality
plötzlich // plœt͡sli:x // all of a sudden
praktischeren // pʀakti:ʃəʀən // more practical
pro tag // pʀo: tɑ:k // a day

Q

qualität // kvɑ:li:tæ:t // quality

R

rausgehen // ʀaʊsge:ən // get out
reaktion // ʀe:akt͡si:o:n // reaction
recht // ʀɛxt // right
rechte // ʀɛxtə // right
rechten // ʀɛxtən // right
rechts // ʀɛxts // right
richtig // ʀɪxti:k // right
richtung // ʀɪxtʊŋk // way/direction
rief an // ʀi:f ɑ:n // called up
romantische // ʀo:manti:ʃə // romantic
ruf an // ʀu:f ɑ:n // call up
ruhig // ʀu:i:k // still
ruhige // ʀu:i:çə // still
räume // ʀo:y:mə // rooms
rüber // ʀy:bɐ // over
rücken // ʀʏkən // back

S

sache // zɑ:xə // thing
sag // zɑ:k // say
sagen // zɑ:gən // say
sagt // zagt // said
sagte // zaktə // said
sagten // zaktən // said
sagtest // zaktɛst // said
sah // zɑ: // saw
sahen // zɑ:ən // saw
saison // zaiso:n // season
schau // ʃau // look
schauen // ʃauən // look
schaut // ʃaut // look
schien // ʃi:n // seemed
schienen // ʃi:nən // seemed
schild // ʃɪlt // sign
schließlich // ʃlɪsli:x // after all
schnell // ʃnɛl // quick
schneller // ʃnɛlɐ // more swiftly
schnelles // ʃnɛle:s // quick
schule // ʃu:lə // school
schwer // ʃvɐ // hard
sehen // ze:ən // look
sehr // ze:ʀ // rather
sei nicht // zai nɪxt // don't be
sein // zain // being
seiner // zainɐ // of his
seines // zaine:s // of
seines // zaine:s // of his
seit // zait // for
seit // zait // for/since
seit // zait // since
seitdem // zaɪtde:m // ever since
seitdem // zaɪtde:m // since
selbstbewusster // zɛlbstbe:vʊstɐ // more confidently
sentimentalere // zənti:məntɑ:ləʀə // more sentimental
serviert // zəʀfɪʀt // being served
sicher // zi:xɐ // certain
sicheren // zi:xəʀən // certain
siehst aus // zɪst aus // look
sieht aus // zi:t aus // look
sind // zɪnt // are
single // zɪŋklə // single
so // zo: // as
so // zo: // as/so
so // zo: // so
so // zo: // that
so // zo: // this
so sehr // zo: se:ʀ // so much
sodass // zo:das // so that
sofort // zo:fɔʀt // now
sofort // zo:fɔʀt // right
sofort // zo:fɔʀt // right away
solch // zɔlx // such
solche // zɔlxə // such
solchen // zɔlxən // such
sollen // zɔlən // did
sondern // zɔndəʀn // but
soviel // zo:fi:l // that much
später // ʃpæ:tɐ // later
stabiler // ʃtɑ:bi:lɐ // more stable
stadt // ʃtat // city
stadt // ʃtat // town
stand auf // ʃtand auf // got up
startete // ʃtaʀte:tə // started
starteten // ʃtaʀte:tən // started
stattdessen // ʃtatdɛsən // instead
staub // ʃtaup // dust
stets // ʃtɛts // always
straße // ʃtʀɑ:sə // road
such // zu:x // look

T

tag // tɑ:k // day
tage // tɑ:gə // days
tagen // tɑ:gən // days
tages // tɑ:ge:s // day
tat // tɑ:t // did
taten // tɑ:tən // did
tatsache // tatsɑ:xə // matter of fact
tatsächlich // tatsæ:xli:x // in fact
telefonbuch // te:le:fɔnbu:x // phone book
tisch // ti:ʃ // table
tolle // tɔlə // great
tolles // tɔle:s // great
trotz // tʀo:t͡s // in spite
träume // tʀo:y:mə // dreams
träumen // tʀo:y:mən // dreams
tu es nicht // tu: e:s nɪxt // don't do it
tun // tu:n // do

U

um // u:m // about/around
um // u:m // at
um // u:m // by
um // u:m // of
um halb drei // u:m halb tʀai // by half-past two
um sieben uhr // u:m si:bən u:ʀ // by seven of the clock
umher // u:mhɐ // near by
umwerfen // ʊmvəʀfən // pushing over
unbeirrbarkeit // ʊnbaɪʀbaʀkait // single-mindedness
und // ʊnt // and
und eines schönen morgens– // ʊnd aine:s ʃø:nən mɔʀgəns– // and one fine morning —
ungefähr // u:ŋe:fe:ʀ // about/approximately
ungefähr ein viertel //

u:ŋe:fe:ʀ ain fɪʀte:l // about a quarter
uniform // u:ni:fɔʀm // uniform
universum // u:ni:fəʀsu:m // universe
unruhigen // ʊnʀu:i:çən // restless
unruhiges // ʊnʀu:i:çe:s // restless
uns gegenseitig // ʊns ge:gənsaiti:k // each other
uns verließ // ʊns fəʀli:s // left us
unter // ʊntɐ // under
unterwegs // ʊntəʀvɛgs // on the road

V

vater // fɑ:tɐ // father
verachtung // fəʀaxtʊŋk // scorn
verbindung // fəʀbɪndʊŋk // bond
verlaß // fəʀlɑ:s // left
verliebt // fəʀlɪbt // in love
verließ // fəʀli:s // left
verließen // fəʀli:sən // left
verrückter // fəʀʀʏktɐ // more crazy
verschiedene // fəʀʃi:dənə // various
verschiedenen // fəʀʃi:dənən // various
verschwinden // fəʀʃvɪndən // get away
verursachen // fəʀʊʀsɑ:xən // because/cause
viel // fi:l // any
viel // fi:l // great deal
viel // fi:l // well
viele // fi:lə // lots of
vielen // fi:lən // many
vier uhr // fi:ʀ u:ʀ // four of the clock
volkes // fɔlke:s // people
voll // fɔl // of
vom // fo:m // of
vom college // fo:m kɔle:gə // from college
vom rand // fo:m ʀant // from the edge
von // fo:n // at
von // fo:n // by
von // fo:n // by/of
von // fo:n // for
von // fo:n // of
von // fo:n // to
von a // fo:n ɑ: // of a
von allen // fo:n alən // of all
von den rasenflächen // fo:n dən ʀɑ:sənflæ:xən // of the lawns
von dir // fo:n di:ʀ // of you
von einigen // fo:n aini:çən // of some
von hundekuchen // fo:n hʊnde:ku:xən // of dog biscuits
von ihnen // fo:n i:nən // of them
von ihr // fo:n i:ʀ // of her
von irgendeinem // fo:n ɪʀgəndaine:m // by some/any
von irgendeiner // fo:n ɪʀgəndainɐ // by any
von irgendeines // fo:n ɪʀgəndaine:s // of some
von jenen // fo:n jənən // of those
von leuten // fo:n lo:y:tən // of people
von mir // fo:n mi:ʀ // of me
vor // fo:ʀ // in front of
vor ihm // fo:ʀ i:m // of him
vorbei // fɔʀbai // by
vorbei // fɔʀbai // by/over
vorbei // fɔʀbai // in
vorbei // fɔʀbai // over
vorsichtiger // fɔʀsɪxti:gɐ // more careful
vorüber // fo:ʀy:bɐ // over

W

wahrscheinlich // vaʀʃaɪnli:x // likely
wann // van // when
wann immer // van ɪmɐ // whenever
war // vɑ:ʀ // was
war // vɑ:ʀ // were
war geworden // vɑ:ʀ ge:vɔʀdən // had turned
war kein // vɑ:ʀ kain // was not
waren // vɑ:ʀən // was
waren // vɑ:ʀən // were
warst // vaʀst // were
warum // vɑ:ʀu:m // because/why
warum // vɑ:ʀu:m // why
weg // ve:k // away
weg // ve:k // way
wegen // ve:gən // about
wegen // ve:gən // at
wegen // ve:gən // by/because of
weil // vail // because
weil // vail // for
weil // vail // for/because
weiln // vaɪln // because
weise // vaisə // way/manner
weit // vait // wide
weiter // vaitɐ // go on
weiter // vaitɐ // on/further
weiter // vaitɐ // on/weiter
weitere // vaitəʀə // more/further
welche // vɛlxə // that
welche // vɛlxə // which
welchem // vɛlxe:m // which
welchen // vɛlxən // which
welcher // vɛlxɐ // that
welcher // vɛlxɐ // which
welches // vɛlxe:s // that
welches // vɛlxe:s // which
welt // vɛlt // world
wenig // vəni:k // little
wenigsten // vənɪçstən // least
wenigstens // vənɪçstəns // at least
wenigstens // vənɪçstəns // least
wenn // vənn // if
wenn // vənn // when
werde // vəʀdə // will
werden // vəʀdən // get
werden // vəʀdən // get/become
werden // vəʀdən // will
werden lassen // vəʀdən lasən // will have
wie // vi:ə // as
wie // vi:ə // how
wie // vi:ə // if/how
wie // vi:ə // like
wie // vi:ə // such
wieder // vi:dɐ // again
wild // vɪlt // wild
wilde // vɪldə // wild
wilden // vɪldən // wild
wilder // vɪldɐ // wild
wildes // vɪlde:s // wild
wird // vɪʀt // will
wirst // vɪʀst // will
wist // vɪst // will
wodurch // vo:dʊʀx // by which
wohl // vo:l // well
wollen // vɔlən // like
wollte // vɔltə // wanted
worüber // vo:ʀy:bɐ // about
worüber // vo:ʀy:bɐ // of
wunderschöne // vʊndəʀʃø:nə // gorgeous
wurde // vʊʀdə // turned
wurde // vʊʀdə // turned/became
wurden // vʊʀdən // were
wusste // vʊstə // knew
wussten // vʊstən // knew
während // ve:ʀənt // in the

course of
wäre // væːʀə // were
wären // væːʀən // were
wärest // væːʀɛst // were
wärst // væːʀst // were
würde gerne // vʏʀdeː gəʀnə // would like
würden // vʏʀdən // would of
würdevoll // vʏʀdeːfɔl // dignified
würdevolle // vʏʀdeːfɔlə // dignified
würdevollen // vʏʀdeːfɔlən // dignified

Z

zehn // t͡seːn // ten
zehn uhr // t͡seːn uːʀ // ten of the clock
zeichen // t͡saixən // sign
zerfiel // t͡səʀfiːl // fell to pieces
zu // t͡suː // at
zu // t͡suː // at/to
zu // t͡suː // to
zu // t͡suː // too
zu // t͡suː // too/to
zu boden // t͡suː boːdən // to the floor
zu fuß // t͡suː fuːs // on foot
zu irgendwelchen // t͡suː ɪʀgəntvɛlxən // to any
zueinander // t͡suːainandɐ // at each other
zuerst // t͡suːəʀst // at first
zuletzt // t͡suːlɛt͡st // at last
zuletzt // t͡suːlɛtst // last
zum // t͡suːm // for
zum // t͡suːm // to
zum // t͡suːm // to the
zum ersten mal // t͡suːm əʀstən mɑːl // for the first time
zur // t͡suːʀ // at/to
zur // t͡suːʀ // to
zurzeit // t͡sʊʀt͡sait // at present
zurück // t͡suːʀʏk // back
zurück // t͡suːʀʏk // in/back
zurückgelassen // t͡suːʀʏkgeːlasən // left
zurückzukommen // t͡suːʀʏkt͡suːkɔmən // to come back
zusammen // t͡suːsamən // together
zusammen // t͡suːsamən // up
zwanzig // t͡svant͡siːk // twenty
zwei // t͡svai // two
zweiten tag // t͡svaitən tɑːk // other day

Ü

über // yːbɐ // about
über // yːbɐ // of
über // yːbɐ // over
über den ladentisch // yːbəʀ dən lɑːdəntiːʃ // over the counter
über ein jahr // yːbəʀ ain jɑːʀ // over a year
über einen hund // yːbəʀ ainən hʊnt // over a dog
überall // yːbəʀal // all over
überhaupt // yːbəʀhaʊpt // at all
übermorgen // yːbəʀmɔʀgən // the day after tomorrow
übrigens // ʏpʀiːçəns // by the way

Acknowledgments

Books, as much as we may want them to, do not materialise out of thin air. There is a great deal of work that goes into each Weeve, from idea to print. We would like to offer our most sincere thanks to every single individual who helped get this book into your hands, the people who support the team, the test-readers who ensure the content you receive is of the highest quality, the designers who make sure your Weeve looks its best, and to our support staff who add the finishing touches, ensuring a crafted learning experience, from start to finish.

The most important person we'd like to thank, however, is you, our reader. Without you, and your passionate commitment to taking the plunge into learning a brand new language, there would be no book to read. We're fueled by people like you, people who are willing and able to try new things, people who look at the way languages are learned at school and think 'There must be a better way', and people who want to expand their skills and their knowledge while reading some of the finest literature this world has to offer. We feel the same, and we're happy to have you.

The end of this book does not mean the end of your language learning journey, however. Weeve regularly publishes content, with new Weeves coming out all the time, as well as other language resources.

To make the most of everything Weeve has to offer be sure to keep an eye on our website and social media!

Thank you again, and remember to keep on learning!

The Weeve Team

www.weeve.ie
Instagram: @WeeveLanguages
Twitter: @WeeveLanguages

9781915160294

BVRSH - #0004 - 251123 - C0 - 203/127/12 - PB - 9781915160294 - Matt Lamination